문화문고 030

백운거사 이규보의
白雲居士 李奎報
문학인생

신용호 저

傳統文化研究會

백운거사 이규보의
문화문고 문학인생　　정가 14,000원

2020년 6월 20일 초판 인쇄
2020년 6월 29일 초판 발행

저　자 신용호
편　집 전병수
교　정 박병훈
출　판 최다정
관　리 이화춘
보　급 서원영

발행인 이계황
발행처 (사)전통문화연구회
서울시 종로구 삼일대로 428 낙원빌딩 411호
전화 : 02-762-8401 전송 : 02-747-0083
사이버書堂 : cyberseodang.or.kr
온라인서점 : book.cyberseodang.or.kr
전자우편 : juntong@juntong.or.kr
등　록 : 1989. 7. 3. 제1-936호

인쇄처 : 한국법령정보주식회사(02-462-3860)
총　판 : 한국출판협동조합(070-7119-1750)

ISBN 979-11-5794-265-7 04810
978-89-91720-76-3(세트)

간행사

본회는 한국고전의 연구와 번역의 선결과제先決課題로, 동양고전의 협동연구번역과 on-off 라인을 통한 교육을 해온 지 20여 년이 되었다. 이는 우리의 역사歷史와 문화文化를 깊이 이해하기 위하여 동양의 역사와 문화를 총체적으로 조명하여야 한다는 취지에서이다.

그런데 동서양 고전에 대해서 그 중요성은 인정하고 있지만, 특히 한국과 동양의 한문고전은 지식인이나 일반인은 물론 전문가조차 해독하기 어려워 일본이나 중국의 번역본을 중역重譯하는 상황이었고, 동양고전은 현대화가 늦어져 이제야 본격적인 작업을 하고 있다.

오늘날 각계의 교류가 긴밀히 이루어지면서 세계가 하나로 되는 상황에 이르러, 우리 국민의 역사·문화 의식이 한국에서 동양으로, 또 세계로 지향해야 하는 시급한 시대가 다가왔다.

그러나 세계로의 지향이 서구화의 다른 이름이고 우리로서는 허상일 수 있음을 주의해야겠지만, 우리와 동양의 자주성과 자존의 아집도 경계하여 새로운 그 무엇을 그려내야 할 것이다. 이를 위해서는 일차적으로 한韓·중中·일日이 삼국양립三國兩立에서 발전하여 삼국정립三國鼎立을 이룸으로써, 치욕의 역사에서 벗어나 안정과 발전의 기반을 마련해야 할 것이다.

본회는 이러한 상황에서 1차적인 준비로 '동양문화총서'를 몇

권 간행한 바 있으나, 이 계획의 충실을 기하기 위해서는 한 손에는 연구研究, 다른 한 손에는 보급普及이라는 과제를 좀 더 확실히 해결하지 않으면 안 된다. 이러한 문화 보급의 취지에서 앞으로 국민의 전체적인 수준 향상을 위하여 '사서四書'의 문고화를 시작으로, 우리와 동양에서부터 서양의 고전과 인물과 문화에 관한 '문화문고文化文庫' 간행의 출발점으로 삼고자 하는 것이다.

대체로 문고는 연구서에 비하면 2차적 작품이므로, 해석과 주석 등을 본문에 녹여서 중등학생 수준의 독자가 읽어서 이해되도록 하려고 한다. 그러나 특수한 분야나 전문적인 것도 필요한 것이다. 또한 시대에 부응하여 편리하며 염가로 읽힐 수 있는 '전자출판'도 겸행할 예정이다.

구미歐美의 유명한 문고본이 끼친 세계 문화적 영향이나, 이웃 일본의 교양과 지식이 이와나미문고岩波文庫에서 나왔다는 사실을 기억해야겠다. 우리나라의 문고본은 그간 부침浮沈이 있었으나, 여러 분의 서가에도 상당수 있듯이 그 공헌은 인정하지 않을 수 없다.

앞으로 우리는 동양고전의 번역 및 교육사업과 함께 통섭적統攝的 방법으로, 국가경쟁력을 키우고 문예부흥文藝復興을 개막하는 계획의 꿈도 이루기 위하여 지혜를 모아 헌신할 것을 다짐하며, 이에 각계의 관심과 지원을 기대한다.

전통문화연구회 회장 이계황

서 언 序言

본서는 백운거사白雲居士 이규보李奎報의 일생을 그의 문학활동 위주로 고찰하고, 아울러 그의 시詩 작품의 특징과 그가 도달한 정신세계가 시를 통해 어떻게 발현되었는가를 살펴보면서, 그가 어떻게 고려 후기를 대표하는 시인으로 올라섰고, 그의 시가 우리나라 문학사상으로는 어떤 의의를 지니고 후세에는 어떤 영향을 끼쳤는가 등을 살펴본 것이다.

백운은 무신집권시대에 생生을 영위하면서, 당대에 자신이 최고의 문인이 되도록 이미 운명이 지어졌다는 신념을 가지고 있었다. 이러한 사명감 때문에 모든 전적을 두루 섭렵하며 어떤 종류의 문장이건 남보다 뛰어나게 지을 수 있도록 자신을 철저히 탁마하였다.

황려黃驪(현 여주驪州) 지방의 향리에 불과했던 백운의 가문이 무신의 집권을 계기로 하여 그의 부친 대부터 중앙으로 진출하였는데, 이러한 진취적인 가풍家風의 영향을 받아 백운은 자유분방하고 활달한 성정을 지니게 되었다. 이런 성정이 당시 씩씩하고 활달한 기상을 숭상하는 무신집권기의 사회기풍과도 합치하는데다가, 바로 이러한 경향의 시를 즐겨 지었던 송宋 소동파蘇東坡의 시풍詩風이 시대 풍조와 어우러져서 크게 유행하게 되었으며, 바로 백운이 이런 시풍을 선도하였다. 그러므로 백운의 시는 성정性情을 직서直敍하는 부체賦體로 지은 것이 대부분이고 비흥比興 수법으로 지은 것은 드물게 되었다.

백운의 문집 《동국이상국집東國李相國集》 53권에는 그의 시 이천여 수만이 수록되어 있으나, 실제로는 만여 수쯤 지은 듯하다. 백운이 자신이 지은 작품들을 꼼꼼하게 갈무리하는 성격이 아니어서, 집안에 남아있는 것과 주변 사람들에게 지어주었던 시들 가운데 찾아낸 이천여 수만을 문집에 수록할 수 있었을 뿐이었다.

백운의 시는 백운이 살았던 시대상황이나 자신의 인생역정을 드러낸 것이다. 파란만장한 삶을 영위하면서도 천진한 천심天心을 잃지 않고 그러한 천심에 비친 모습들을 절묘하게 그려낸 것이 바로 백운의 시들이다. 백운은 어느 특정 사상에 얽매임이 없이 유儒·불佛·도道를 혼융混融한 경지를 직서하였으며, 세속의 이욕에서 벗어난 염담적恬淡的 은일隱逸의 안한安閑을 즐기는 경지가 백운이 최후에 도달한 정신세계였다.

본서에서는 이러한 백운의 문학적 인생을 직접 백운이 쓴 시와 문을 통하여 드러내고, 필자의 견해나 해설은 최소화하고자 유념하였다. 그렇게 하다 보니 어떤 경우에는 그의 시와 문을 압축하여 인용하지 않고 지나치게 장황할 정도로 길게 인용引用하기도 하였다. 이렇게 한 것에는 다른 뜻도 있어서이니, 즉 이 분야를 전공專攻하는 사람은 원문原文과 번역문飜譯文과 각주脚注를 모두 읽고, 전공자는 아니나 한문에 소양이 있는 독자는 원문과 번역문을 읽고, 그렇지 않은 독자讀者는 번역문만을 읽어도, 전체의 문맥을 이해하는 데 지장이 없도록 배려하고자 한 것이다.

본서의 조야粗野한 원고를 유려하고 정교하게 가다듬어주고 오·탈자를 바로잡아주는 등 교정을 담당했던 본회本會 연구원 박병훈 선생은 이에 머물지 않고, 제목에 적절한 부제副題를 덧붙이고, 산만할 정도로 긴 문장에는 매 단락마다 알맞은 소제小題를 달아주고, 곳곳에 삽화를 삽입하며, 독자들의 흥미를 유발하고 지루함에서 벗어나게 해주었고 미진한 부분을 보완해주었으므로, 이에 깊은 감사를 드린다.

본서가 고려 후기의 대문호 백운거사 이규보의 문학세계文學世界를 이해하고 우리나라 문학사文學史의 맥락을 짚어보는 데 일조하기를 바라고, 부족한 부분에 대한 사계제현斯界諸賢의 질정이 있기를 기대하는 바이다.

일러두기

1. 본서는 동서양東西洋의 중요한 고전古典, 인물人物, 문화文化에 관한 모든 국민의 교양도서로, 미래 한국의 양식良識 기반을 구축하기 위한 문화문고文化文庫이다.
2. 본서는 고려 후기 대문호 이규보李奎報의 생애를 문학을 통해 조망하는 한편, 그의 문학관을 분석하였다. 또한 이규보의 시를 별도의 장을 두어 감상 및 분석하면서, 그의 대표적 시 〈동명왕편東明王篇〉을 서序와 주註까지 번역하였다.
3. 시의 역문과 함께 원문을 실어 이해를 도모하였다.
4. 번역飜譯은 원의原義에 충실하게 하였고 필요에 따라 의역意譯을 하였다.
5. 번역문飜譯文은 필요한 경우 한자漢字를 병기倂記하였으며, 맞춤법과 띄어쓰기는 한글 맞춤법과 표준어 규정을 따르는 것을 원칙으로 하였다.
6. 역주譯註는 전문적이고 난해한 내용에 한해 일반 독자들도 이해할 수 있도록 간결하고 쉽게 풀어주었다.
7. 이규보의 《동국이상국집東國李相國集》 중에서 《동국이상국전집東國李相國全集》은 《전집》으로, 《동국이상국후집東國李相國後集》

은 《후집》으로 약칭하였다.

8. 본서에 사용된 주요 부호符號는 다음과 같다.

“ ”: 대화, 인용

‘ ’: 재인용, 강조

《 》: 서명書名

〈 〉: 편명篇名, 작품명作品名

〔 〕: 보충 원문原文

목 차

제3장 백운의 시 세계

제4장 백운 문학의 역사적 위치 / 217

[부 록]

제1장

백운의 문학인생

제1장 백운의 문학인생

이규보李奎報 영정影幀

이규보李奎報(1168~1241)는 고려 중기 무신武臣의 난亂과 그들의 집권, 몽고蒙古의 침입 등으로 사회가 격동하던 시기에 생을 영위하면서 보고 듣고 느낀 것을 모두 시로 표현했던 당대 제일의 시인이었다. 그의 자는 춘경春卿, 호는 삼혹호선생三酷好先生·백운거사白雲居士·지지헌止止軒·사가재四可齋·남헌장로南軒長老 등이었고, 시호諡號는 문순文順이다. 본고本攷에서 이규보를 지칭할 때에는 세간에 가장 널리 알려진 그의 호인 백운白雲으로 지칭하고, 파란만장했던 그의 문학 생애를 수학기修學期·방황기彷徨期·사환기仕宦期·치사기致仕期로 나누어 고찰하고자 한다.

1. 이미 이름을 떨치다 [수학기修學期 1~22세]

기이한 아이의 탄생

서기 918년 태조 왕건이 창건한 고려 왕조는 6대 성종부터 11대 문종에 이르기까지 제도를 정비하고 흥성을 누리다가, 점차 쇠미해지기 시작하여 문약文弱의 풍風이 극에 달하고 온갖 폐풍弊風이 노정露呈되기 시작하였다. 특히 17대 의종毅宗이 즉위한 후 왕의 방자한 생활과 무신의 멸시로 불만이 극에 달했던 무신들이 1170년 왕의 보현원普賢院 행행行幸을 계기로 폭발하여, 의종毅宗을 폐위하고 명종明宗을 옹립한 후 약 1세기에 걸쳐 무신들이 국권을 농단하게 된다.

이러한 무신의 쿠데타가 일어나기 2년 전인 1168년(의종毅宗 22년 무자戊子) 12월 16일에 시첩詩捷 또는 인중룡人中龍이라는 별호別號로 불리며, 우동마졸牛童馬卒에 이르기까지 그 이름을 모르는 이가 없었던 이규보가 탄생하였다. 그는 호를 백운거사라 하였고, 고려 후기 시단의 정종正宗으로 국내외적으로 다사다난하였던 시기에 70여 년을 문학인으로 살아가면서, 문집 53권에 수록된 주옥같은 작품으로 문학사에 찬연한 족적을 남겼다.

백운은 황려현黃驪縣(현 경기도 여주) 사람으로, 선조는 황려현의 향리로서 대대로 호장戶長, 부호장副戶長 등의 향직鄕職을 맡고 있다가 백운의 아버지 대에 중앙관계로 진출하여, 부친 이윤수

李允綏는 호부낭중戶部郎中(정5품관), 숙부 이부李富는 직문하성直門下省(종3품관)에까지 올랐다. 즉 무신란 후 정계의 판도가 바뀌는 시기에 지방향리에서 중앙의 사대부계층으로 신분이 상승한 것이다.

대토지를 소유하고 벌족閥族을 형성하여 대대로 고위관직을 독점하고 있던 보수적인 귀족세력과는 달리, 백운의 집안은 무신들의 집권을 계기로 신흥 사대부로 등장하여 진취적인 분위기가 충만하였으며, 이러한 가정 분위기는 백운의 성격 형성과 운명에 큰 영향을 끼쳤다.

이규보의 초명初名은 인저仁氐요, 자字는 춘경春卿으로, 그의 연보에 의하면,

> 태어난 지 3개월 만에 악종惡瘇이 몸에 가득 퍼져서 온갖 약을 다 써보았으나 효험이 없었으므로 부친이 송악사우松嶽祠宇에 가서 산가지를 던져 점을 쳐보았는데, 점괘에 '산다'고 나와서 다시 무슨 약을 쓸까 점을 쳐보니 '약을 쓰지 말라.' 하여 약을 쓰지 않았다. 그러자 피부가 모두 문드러져서 얼굴을 분별할 수가 없게 되었다. 이에 유모가 늘 양 팔뚝에 밀가루를 뿌리고 안고 다녔는데, 어느 날 유모가 안고 문밖에 나갔더니 어떤 노인이 지나가다가 "이 아이는 천금같이 귀한 아이인데 왜 이렇게 함부로 키우는가. 잘 보호해야 마땅하니라." 하였다. 이에 유모가 달려와서 부친께 노인이 한 말을 그대로 고하니, 부친은 그

가 혹 신인神人인가 여겨서 사람을 보내어 뒤좇아보았으나 찾지를 못하였다. (《동국이상국집東國李相國集》〈연보年譜〉)

이 일화에 백운이 탄생한 직후 부친이 송악사우에 가서 생사를 점쳐보았다 한 것으로 보아 백운은 아마도 개경에서 태어난 듯하다. 한편 백운은 어려서부터 이 일화를 듣고 자랐으므로, 그의 뇌리에는 자신은 앞으로 천금같은 위대한 인물이 될 것임을 신인이 알려주었다는 생각이 박혀 있었고, 이런 관념이 백운이 일생동안 어떤 역경에도 굴하지 않고 문인으로 대성할 수 있게 한 정신적인 확신을 갖게 하는 데 크게 기여하였다.

백운은 매우 어렸을 때부터 글을 익힌 듯하다. 9세 때부터 글을 지을 수 있었으므로 주위에서 그를 기동奇童이라 칭하였으며, 11세 때인 무술년(1178)에는 직문하성直門下省으로 있던 숙부 이부李富가 성랑省郎들에게 자랑하기를 "내 조카는 나이는 어리지만 글을 잘 지으니 한 번 불러서 시험해보는 것이 좋겠다." 하였다. 이에 낭관郎官들이 불러서 연구聯句를 짓게 하고 마침 외군外郡에서 바친 공지貢紙를 받아 놓은 것이 있었으므로 '지紙' 자를 짚으니, 즉시 읊기를 '종이 위에 멀리 모학사(붓)가 달려가네〔紙路長行毛學士〕' 하였다. 이에 다시 대對를 맞추라 하니, 즉시 '잔 속에는 늘 국선생(술)이 담겨 있네〔盃心常在麴先生〕'라고 읊자, 낭관郎官들이 모두 두 구의 대우對偶가 절묘함에 탄복하고 기동이라 부르면서 계속 학문에 힘쓰도록 격려하였다. 이와 같이 천부적으로 문학적 재능을 타고난 데다 어려서부터 가학家學으로 재능을 연마하여 문인으로 대성할 기반을 착실하게 다졌던 것이다.

교육기관 입학

14세 되던 해(1181)에 문종文宗 때의 명유名儒인 최충崔沖이 설치한 사학私學인 문헌공도文憲公徒의 성명재誠明齋(구재九齋 중 하나)에 입학하여 학업을 닦았다. 이때 매년 하과夏課 때면 선배들이 제생諸生을 모아놓고 시운詩韻을 지정해주며 초에 금을 그어 초가 거기까지 탈 때까지 시를 완료하도록(이를 각촉점운刻燭占韻이라 함) 주필시走筆詩를 짓게 하였는데, 백운이 매번 일등으로 뽑혔으므로 모든 선비들이 그를 주목하게 되었다.

최충崔沖

15세 되던 해 6월 하과 때에는 마침 성명재에 재학했던 사람 중에 한림에 제수된 자가 있어 내직옥당內直玉堂으로 시제詩題를 삼고 운韻을 정해주며 시를 짓게 하자, 백운은

홀로 숙직하며 전각의 서늘함을 느끼는데　獨直偏知殿閣凉
금련 같은 화촉이 화당을 밝히네.　金蓮花燭炤華堂
이슬 어린 선장엔 가을 기운이 서늘하고　露凝仙掌驚秋冷
달빛 스민 사창 안은 밤도 길도다.　月透紗窓信夜長
칠보상 앞 대궐 물시계는 계속 돌아가고　七寶床前宮漏永
구화장 속 어로에선 향기가 피어오르네.　九華帳裡御爐香
시 한 편 초 잡기 마치자 은하가 밝아오니　詞頭草罷銀河曙
높은 하늘 서기어린 일광(왕을 칭함)을
기쁘게 뵈오리라.　喜見高天瑞日光

(《동국이상국집》〈연보〉 임인년)

라고 지었다. 선달先達인 함순咸淳 등이 이에 모두 탄복하며 이 시를 1등으로 삼았는데, 이는 그가 문헌공도에서 15세 때부터 뛰어난 시재詩才로 두각을 나타낸 한 예이다.

백운이 문헌공도에 입학했다는 것은 주목할 만한 일이다. 문헌공도의 구재는 과거 응시를 준비하는 상류층 자제들이 주로 입학하여 과거응시 예비학교의 성격을 띠고 있었으며, 매년 여름에는 일종의 하기 수련회격인 하과를 개설하고 아직 임관하지 않은 선달들을 강사로 삼아 생도들을 교수敎授하게 하였다. 하과 때에는 각촉부시刻燭賦詩하는 급작시회急作詩會를 열어 성적순으로 불러들여 간소한 주연을 열고 종일토록 시를 읊고 화답하고 하였는데, 그 동작이 진퇴유의進退有儀하고 장유유서長幼有序하여, 학문뿐만 아니라 우정관계友情關係와 사제애경師弟愛敬 등에도 힘썼다 한다. 백운은 이곳에서 당대 최고 양질의 교육을 받았고, 상류층의 동년배 및 선배들과 널리 교유하면서 문학적 재능을 인정받을 기회를 얻게 되었다.

백운이 문헌공도에서 학업을 닦은 기간은 16세 되던 해 가을 수주水州(현 수원) 수령으로 있는 부친을 근성覲省하러 가기 이전까지 약 2년 반 정도였다.

결정적 만남

16세시(1183)인 계묘년 봄에 부친이 수주水州(수원)의 원이 되어 지방으로 나갔으나, 백운은 사마시司馬試(조선시대의 문과 소과에 해당)에 응시하기 위하여 개경에 머물러 있다가, 낙방한 후 가을에 수주로 가서 지내었다. 그 후 18세 때(1185)에 상경하여 사마시에 다시 응시하였으나 거듭 낙방하였고, 가을에 다시 수주로 돌아갔다가 이듬해 부친의 체직遞職으로 경사京師로 돌아왔다. 18세시의 봄에 사마시 응시를 위하여 상경해서 가을까지 체류하는 동안 백운의 문학에 지대한 영향을 끼친 복양濮陽 오세재吳世才(자字 덕전德全)를 만나게 된다. 그때 53세인 오세재가 18세인 백운을 "옛사람들은 사귐을 논함에 있어서 그 뜻이 어떤가를 논하였을 뿐 나이를 따지지는 않았네. 내 재주가 비록 혜강嵇康에는 미치지 못하지만 그대를 완적阮籍으로 보는 것이 좋겠네." 하면서 망년우忘年友로 허여許與하고, 시와 술의 놀이나 선비들의 모임에 반드시

혜강嵇康

완적阮籍

백운을 대동하고 다니면서 그를 친구로 얻은 것을 자랑하고, 노성老成한 선비로서 어린 사람과 벗 삼음을 비난하는 일부 인사들의 말을 일축하였다.[1] 백운보다 한 세대나 앞서는 대문호요 당시 불운한 문인이었던 오세재를 감수성이 예민한 시기인 18세부터 3년간 모시면서 그로부터 받은 문학적 영향은 실로 지대하여, 오세재가 동도東都(현 경주)에서 객사하자 '비록 그 꽃다운 문학을 모두 이어받지는 못하였으나 훌륭한 감화를 받았음이 또한 많았다.'라고 말하며 존경과 고마움을 표하였다.

19세시에는 복양濮陽을 따라 죽림칠현竹林七賢(이들을 동방의 칠

1) 이규보, 〈오선생덕전애사병서吳先生德全哀詞幷序〉(서거정徐居正, 《동문선東文選》 권116) 참조.

현이라는 뜻으로 해좌칠현海左七賢이라고도 하였음)의 모임에 참여하여 당대의 대표적 문인들인 이인로李仁老, 임춘林椿 등과 만나게 된다. 그 후 덕전이 동도(경주)로 떠난 후 다시 그 모임에 참여하였다가 이담지李湛之로부터 "덕전이 동도로 떠난 후 돌아오지 않으니 그 빈자리를 그대로 보충하는 것이 좋겠다." 하자, "칠현이 어찌 조정의 관작이기에 그 빈자리를 보충한단 말입니까. 중국에서도 혜강, 완적이 죽은 이후 그 빈자리를 이은 자가 있다는 말을 듣지 못하였습니다." 하고, 즉흥시를 지어 읊기를,

영예롭게 대숲 아래의 모임에 참여하여	榮參竹下會
즐겁게 항아리 속의 술을 기울여 마셨네.	快倒甕中春
모르겠도다. 칠현 가운데	未識七賢內
누가 구두쇠인지를.	誰爲鑽核人

(《전집》〈칠현설七賢說〉)

하니, 자리에 있던 이들이 모두 불쾌한 기색을 나타내었고, 이에 오연傲然히 크게 취하여 자리를 박차고 나와 버렸다. 이러한 방광放曠한 행동 때문에 세인들로부터 광객狂客으로 지목받게 되어,[2) 후일 벼슬길에 오르는 데 어려움을 겪기도 하였다.

백운과 오세재의 만남은 시작부터가 상식을 초월한 것이었다.

---

2) 이규보, 〈칠현설七賢說〉(서거정, 《동문선》 권96) 참조.

35세나 연상인 오세재가 18세의 청년 백운을 먼저 찾아가서 열흘이 넘도록 머물면서 서로의 포부와 문학에 대하여 논했다 하니, 첫 대면 때부터 두 사람의 뜻과 기상이 얼마나 서로 부합되었는가를 짐작할 수 있다. 이러한 오세재가 동도로 떠난 후에 백운은 오세재에 대한 그리움을 참을 수가 없어 그를 그리는 애틋한 시 몇 수를 지었고,[3] 오세재 사후에는 그에 대한 애사哀詞를 짓고, 도연명陶淵明 사후 그의 문인들이 사시私諡를 증정하여 정절선생靖節先生이라 한 예를 좇아, 오세재에게 현정玄靜이라는 사시를 지어 올렸다. 이렇듯 백운이 존경하던 오세재 및 그를 통하여 사귀게 된 해좌칠현들은 무신정권에 의하여 소외당한 대표적인 문인들이므로, 이들과의 교유를 통하여 현실에 대한 비판의식이 싹텄을 것이다.

도연명陶淵明

또한 자신보다 한 세대쯤 앞선 노숙한 문인들과의 교유는 그

3) 《전집全集》 권1, 〈오덕전세재동유불래이시기지吳德全世才東遊不來以詩寄之〉, 〈억오덕전憶吳德全〉, 〈차운동고자용두운억덕전次韻東皐子用杜韻憶德全〉, 권3, 〈중억오덕전重憶吳德全〉 등 오덕전을 그리워하는 수 편의 시가 있다.

의 문학과 인격 형성에 영향을 끼쳤으며, 백운이 동년배들을 제쳐놓고 이들과 교유한 것은 백운의 문학 수준이 동년배들과는 상대가 안 될 정도로 높았기 때문이기도 하였다.

그러나 무신란으로 몰락한 벌족의 후예인 해좌칠현들과 무신란으로 뜻을 이룰 기회를 잡게 된 백운 집안의 가풍과는 서로 부합될 수가 없었다. 한편으로는 현실을 비판하면서도 다른 한편으로는 구관求官에 급급한 칠현의 일부는 그의 눈에 속물로 보여서, '모르겠도다, 칠현 가운데 누가 속된 구두쇠인지를' 이라고 읊으며 오연히 그들을 타매唾罵했던 것이다.

백운이 사마시에 세 차례나 낙방한 것도 16세시 처음 응시했을 때를 제외하고는 해좌칠현들과 교유하면서 4, 5년간 자신을 검속檢束하지 않고 음주飮酒와 부시賦詩만을 일삼으면서 과거식科擧式 문체文體를 익히지 않았기 때문이었다. 백운의 성격이 형식에 구애받기를 싫어하고 표연飄然히 놀기를 좋아한 것에도 원인이 있지만, 한편으로는 그와 교유하던 오세재나 임춘 등이 과거에 응시는 하면서도 과거식 문투를 '세속적인 배우자俳優者의 설이요 참다운 문학과는 거리가 멀다.'라고 경멸하였던 관점[4]의 영향도 있었다.

그러나 전술한 바와 같이 백운 집안의 가풍은 그의 입신출세를 요구하였고, 출세를 위해서는 과거 급제가 필요하였으므로,

---

4) 임춘林椿, 〈여조역락서與趙亦樂書〉(서거정, 《동문선》 권59) 참조.

백운은 문학적 소신과 과시 문체인 공령문功令文의 학습 사이에서 갈등을 겪기도 하였다.

너는 꼭 장원급제 할 것이다

백운은 22세 되던 기유년(1189) 봄에 네 번째 응시한 사마시에 장원으로 급제한다. 그때의 과시科試 제목은 "선왕이 헌면軒冕을 만들어 쓰게 하여 귀천을 드러냈으되 아름다움은 추구하지 않았다〔先王制軒冕著貴賤不求美〕"를 시제로 하여 십운시十韻詩를 짓는 것이었다. 백운은 이 시제를 파제破題하여, '태고엔 헌면이 없었으니, 누가 귀천의 등급을 나눌 수 있었으랴. 이를 만든 뒤에야 착용했을 것이니, 일찍부터 아름다움을 추구한 것은 아니었네.〔太古無軒冕 誰分貴賤流 制之然後著 美也不曾求〕' 하고, 또 한 구절에는 '처음 만든 이가 황제黃帝라 들었으니, 어찌 공구孔丘만이 이를 행했다 하리오.〔始造聞黃帝 徒行豈孔丘〕' 하였는데 지공거知貢擧 유공권柳公權이 절묘한 대우에 탄상歎賞하면서 그를 장원으로 뽑았다.

한편 백운이 사마시司馬試에 장원하기 직전에는 하늘의 별들인 이십팔수 가운데 문장을 담당한 규성奎星이 꿈에 나타나 장원할 것임을 알렸다.

> 그는 처음에 이름을 인저仁底라 하였고 기유년己酉年 사마시에 응시하려 할 때 꿈을 꾸었는데, 시골 백성인 듯한 노인들이 모두 검은 베옷을 입고 마루에 모여 술을 마시고 있었다. 옆에 있

는 사람이 "이들이 이십팔수二十八宿다." 하므로 놀랍고 황송스러워 재배再拜하면서 합격여부를 물었다. 이에 어떤 사람이 그 가운데 한 사람을 가리키며 "저 규성이 알 것이다." 하였다. 이에 즉시 그에게 물었으나 대답을 듣기 전에 잠을 깨서, 꿈을 끝까지 꾸지 못한 것을 아쉬워하다가 곧 다시 꿈에 빠졌는데, 규성이 알려주기를 "너는 꼭 장원할 것이니 염려하지 말라. 다만 이것이 하늘의 기밀이니 누설해서는 안 된다." 하였다. 이렇게 규성奎星이 장원할 것을 알려주었다(보報했다) 하여 인저라는 초명初名을 규보奎報로 개명하였는데 과시에 나아가 과연 장원으로 급제하였다.

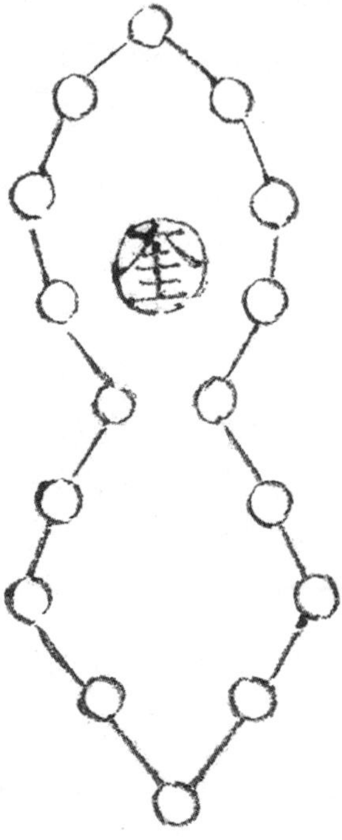

규성奎星

(《동국이상국집》〈연보〉 무자조戊子條)

이는 과시에 삼차나 낙방한 백운이 장원으로 합격하고 싶은 간절한 소망이 꿈으로 나타난 것인 듯하고, 이때부터 초명인 인

저를 버리고 규보로 개명하였다.

그러나 이러한 득의의 나날도 잠시뿐, 이듬해인 경술년(1190) 6월 이지명李知命이 지공거知貢擧가 되어 실시한 예부시禮部試(조선시대의 문과 대과에 해당)에 응시하여 최하위 등급인 동진사同進士[5]로 겨우 합격하였다. 이를 매우 수치스럽게 여겨서 합격을 사퇴하고자 하였으나, 부친이 준절하게 책망하고 구례舊例에도 없는 일이기 때문에 사퇴하지 못하였다. 이렇게 하위 등급으로 합격한 이유는 형식에 구애받기를 싫어하는 성격에다가, 당시의 문단풍조 때문에 과거식 문체를 익히지 않았고, 시험을 보던 날 공거원貢擧員이 그의 명성을 중히 여겨 왕이 과거시험관들에게 내린 술인 선온宣醞 너덧 잔을 마시게 하였으므로, 술이 취해서 지은 시부가 내용이 거칠고 격률에 맞지 않는 부분이 있었기 때문이었다. 이렇게 술에 취해서 과거를 보았다는 것은 시와 주酒와 금琴을 혹애酷愛하였던 그의 성격이 여실히 드러난 사례로도 볼 수 있다.

본고에서는 진사시에 급제한 22세까지를 수학기로 보았으나, 18·9세 때부터 이미 오세재를 비롯한 해좌칠현 등 당대 최고의 문인들과 교유하면서 문단에서 명성을 드날리기 시작하였으며, 사마시와 진사시에 모두 급제하여 관계에 진출할 자격을 얻게 된 백운의 전도는 이때부터 새롭게 전개된다.

---

5) 고려의 진사과 급제자는 초기에는 성적순으로 갑과, 을과, 병과, 동진사로 나누다가 문종대부터는 을과(3인), 병과(7인), 동진사(23인)로 나누었음.

2. 어둠이 짙을수록 꽃은 환하게 피네 [방황기彷徨期 23~39세]

첫 시련

과거에만 급제하면 앞길이 탄탄대로처럼 트일 것으로 기대했던 백운에게, 말직을 잠깐씩 두 차례 역임했던 것을 제외하고는 40세가 되어 직한림원直翰林院이라는 임시직에 보임되기까지 장장 17년간을 한량으로 소일하게 된다. 이 기간에 양친을 여의어서 한 가정의 가장이 되었고, 관직을 얻기 위하여 애태우며 노력하다가 수많은 낙망과 좌절을 겪기도 하고, 뜻대로 되지 않는 세상일에 실망하여 백운거사라 자호自號하고 두문불출 육침陸沈(속세에 숨어서 삶)하면서 시와 술로 울분을 달래기도 하였다.

이 기간이 비록 개인적으로는 매우 불운한 시기였겠지만, 나이로는 연소기예年少氣銳한 2·30대였고, 그때까지의 연찬硏鑽과 대표적인 문인들과의 교유를 통하여 익힌 원숙한 문학적 재능이 온갖 시련을 겪으며 더욱 연마되어, 시와 문 모두 주옥같은 명편을 다수 창작할 수 있게 되었으니, 문학적으로는 찬연한 업적을 남긴 시기이기도 하였다.

백운에게 닥친 첫 번째 시련은 등과 이듬해인 신해년(1191, 24세) 8월의 부친의 사망이었다. 이제까지 집안일에 구애받지 않고 시와 술로 소일하며 오세재를 비롯한 해좌칠현들과 교유하고 지내다가 부친의 상을 당하게 되자 큰 충격을 받은 듯, 천마산天磨山에 우거寓居하며 백운거사라 자칭하고 시나 지으면서 나날을 보내었다. 이때부터 30세가 되기까지는 벼슬길에 나아가기를 거의 단념했던 시기였다. 이 기간은 무신 집권자들 가운데도 가장 포학한 이의민李義旼이 정권을 잡으면서 사회 전반이 대혼란에 빠졌던 암흑시대로, 무신들이 토지를 강탈하고 문관직을 겸임하며 회뢰賄賂가 공공연히 행해지는 등 무신의 횡포가 극에 달하였고, 각 지방에서는 민란民亂과 초적草賊들의 봉기로 앞이 보이지 않는 암담한 시기였다.

이러한 시기에 섣불리 관계에 진출하는 것은 호랑이 굴로 들어가는 것과 같았으므로, 시세의 추이를 살피면서 산림에 은둔하는 것이 자신의 보신을 위해서도 가장 안전한 방책이었다. 이해에 지은 〈천마산에 우거하며 짓다〉[6]에서, '내 이제 이곳에 와 숨게 되어 평안을 찾게 되었으니, 두 음효가 차츰 자라고 있음을 이제야 알아서이네.〔我今來遁是亦逸 二陰寢長方今知〕' 하여 소인의 상징인 음효가 밑에서 점점 자라 둘로 늘어난 것은 세상이 어지러워질 징조이므로,[7] 군자는 이 괘를 만나면 은둔해야 한다고 한 《주역周易》 둔괘遯卦를 빌어 당시의 암흑상을 풍자하였다.

이듬해인 임자년(1192, 25세)에는 〈백운거사어록白雲居士語錄〉

---

6) 《후집》 권1, 〈우천마산유작寓天磨山有作〉

7) 이는 당시 행패가 극에 달해서 세인들이 쌍도자雙刀子라 칭했던 이의민李義旼의 두 아들 지순至純, 지광至光의 발호를 풍유한 것이다.

및 〈백운거사전白雲居士傳〉을 지어 자호를 백운거사라 한 이유와 자신의 행지行止에 대한 소신을 밝혀 놓았다. 자호를 백운거사로 지은 이유에 대하여,

> 대저 구름은 뭉게뭉게 한가히 떠서 산에도 막히지 않고 하늘에도 매이지 않으며, 너울너울 동서로 떠다니면서 형적이 얽매이는 바가 없고, 경각으로 변화해서 그 끝나는 곳을 알 수 없다. 부드럽게 펴지는 것은 군자가 세상에 나와 활동하는 것과 같고, 옷깃을 여미듯이 걷히는 것은 높은 뜻을 가진 선비가 세상에서 은둔하는 것과 같으며, 비가 되어서 마른 초목들을 소생시켜주는 것은 인仁이요, 오면서도 집착함이 없고 가면서도 미련을 둠이 없는 것은 통通이다. 구름의 청황적흑靑黃赤黑 색깔은 그 정색正色이 아니요 화채華彩 없는 백색白色만이 그 본 모습이다. 그 덕德과 색色이 이와 같으니 이를 이상理想으로 삼아 배워서, 벼슬길에 나아가면 만인萬人에게 은택恩澤을 입히고, 물러나게 되면 마음을 비워서 그 순수함을 지키며, 정상正常에 처하여 느긋하고 평안하게 무어라 이름붙일 수 없는 선경仙境에 들게 된다면, 구름이 나인지 내가 구름인지 알 수가 없는 혼연일체渾然一體가 되리니, 이렇게 된다면 고인古人이 얻고자 하는 목표에 거의 가까이 갈 수 있을 것이다.……한편 나는 집에 거하면서 도를 즐기는 사람이므로 백운에 거사居士를 덧붙인 것이다.
>
> (《전집》 권20, 〈백운거사어록〉)

하였고, 〈백운거사전〉에서도,

> 집에 식량이 자주 떨어져서 끼니를 잇지 못해도 거사는 태연자약하며 즐겁게 지냈고, 성격이 방광하여 검속할 줄을 모르며, 천지와 우주를 좁게 여겼다. 항상 술을 마셔 몽롱한 상태로 지내고, 부르는 사람이 있으면 흔연히 나아가서 잔뜩 취해 돌아왔으니, 어찌 옛 도연명과 동류가 아니겠는가. 거문고 타고 술 마시며 이렇게 세월을 보냈다.……찬에 이르기를 '뜻이 본시 천지의 밖에 있으니 하늘과 땅도 나를 제어할 수가 없도다. 장차 원기의 본체를 지키며 무하유지향無何有之鄕에서 노닐리라.
>
> (《전집》 권20, 〈백운거사전〉)

하였다. 이 어록과 전에 드러낸 주장을 통하여 당시 백운이 빈부·귀천·공명 등의 외물에 구애받지 않는 완전히 자유롭고 환상적인 정신세계인 무하유지향[8]에서 노닐고 싶은 장자류의 환상에 잠겨 있었음을 알게 된다. 자호를 백운이라 한 것도 《장자》〈제물론齊物論〉의 "구름 기운을 타고 해와 달을 부리며 천하의 밖에서 노닐리라.〔乘雲氣 騎日月 而遊乎四海之外〕" 한 경지와 일치하는 삶을 누리고 싶은 뜻에서였다. 구름이 나인지 내가 구름인지 알 수 없는 물아일체의 세계를 동경한 것은, 현실과 꿈을 구별할 수 없는 《장자》의 호접몽胡蝶夢의 세계, 즉 물화物化의 세계[9]를 동경한

8) 《장자莊子》〈소요유逍遙遊〉 참조.
9) 《장자》〈제물론齊物論〉 참조.

것이며, 육합의 밖에서 노닐면서 시와 주酒와 금琴으로 세월을 보내는 자신을 옛 도연명에 비기고, 도연명의 〈오류선생전五柳先生傳〉을 효방效倣한 〈백운거사전〉을 지어 그 뜻을 드러낸 것이다.

어찌 품은 뜻이 없으리

백운은 속세를 떠나 산림에 은거하려 하면서도 군자로서 세상에 나아가 벼슬하여 만인에게 은택을 입히고 싶은 생각, 즉 입신양명하고 싶은 생각을 떨쳐버리지는 못하고 있다가, 최충헌崔忠獻이 이의민을 제거하고 집권하면서 혼란했던 정국이 소강 상태에 이르자, 다시 벼슬에 나아가기 위하여 노력하게 된다. 계축년(1193, 26세)에 지은 〈정장시랑자목일백운呈張侍郎自牧一百韻〉을 보면, 장자목張自牧의 훌륭한 인품과 높은 학식을 찬양하고 자신을 돈독하게 보살펴주는 데 대한 감사의 뜻을 표한 후,

절룩대며 이리저리 다니는 나는	蹇予誠齷齪
태어난 운명이 진실로 기구하네.	賦命實崎嶇
우박이 싸늘한 골짜기에 쏟아지는데	寒谷生氷子
큰 창옷 입고 떠도는 썩은 선비일 뿐이네	裒衣着腐儒
⋮	
지금에 와서는 왜 곤궁에 빠져	晩落蟠泥困
칼날 어루만지며 탄식을 감내하지 못하는가.	那堪撫劍吁
길이 멀어서 막힐까 걱정이요	道長猶恐泥

샘은 말라서 물마시기도 어렵도다.　泉涸自難濡
거문고 줄 끊겼으니 어떻게 이을까　絃絶何由續
허물어진 담에 흙도 잘 안 붙네.　墻頑肯可圬
동방급제자들은 모두 다 드날리는데　同門皆振翮
나만이 아직도 뒤쳐져 있네.　唯我尙搶榆
젊었던 얼굴 쇠해 가는 것은　故故容顔改
차츰차츰 시운이 막혀서이네.　垂垂歲月徂
한 해가 다시 바뀌려 하는데　六身催倒亥
태양은 운행을 멈추지 않네.　三足未留烏
마음은 깃발처럼 나부끼는데　心思如懸旆
공명 찾는 데는 수주대토하듯 어리석네.　功名劇守株
근심 떨치고자 항시 취해있고 싶지만　愁期千日醉
병이 들어 마음대로 다닐 수도 없네.　病廢四方餬
모함을 꾸며서 서로 선동을 하니　讒構交相扇
나아가고 머묾에 어려움이 많도다.　行藏甚似拘
어수선한 쉬파리는 완악해서 죽지 않고　樊蠅頑不死
저자에 호랑이 나타났다고 거짓 꾸미네.　市虎動成誣
곳곳에서 꾸중이 쏟아지고　處處嗔投璧
사람마다 도끼로 치려 하네.　人人慮竊鈇
용을 비웃는 도마뱀 많고　嘲龍多蝘蜓
개를 습격하려는 쥐들도 여럿이네.　襲狗幾鼱鼩
답답한 심정은 장평자張平子[10)]와 같고　鬱鬱同平子

거듭 깨우쳐주던 여수女須[11]에게 부끄럽네. 申申愧女嬃
울음이 솟구치니 쓸데없는 피눈물이요 自啼無用血
애써 읊던 시상도 끊어져버렸네. 渾斷苦吟鬚
분주하기는 우역郵驛의 마졸馬卒 같고 奔走如郵吏
머뭇거리기는 장사치 같네. 遷延似賈胡
두보의 동산을 부질없이 바라보니 杜園空費望
도잠의 삼경三徑은 응당 거칠어졌으리라. 陶徑想應蕪
몸에 얽힌 그물을 벗어버리고 擬脫嬰身網
진흙 속에 꼬리 끌며 돌아가 쉬리라.[12] 歸安曳尾塗
논에 물이나 열심히 대고 灌畦常搰搰
물동이를 치면서 노래나 부르리라. 敲缶樂嗚嗚
남으로는 초楚땅을 지나고 南去將經楚
동으로는 오吳땅 끝까지 닿아야지. 東遊遂極吳
오수聱叟처럼 복령茯笭이나 캐고[13] 帶苓聱叟結
소인 번수樊須처럼 농사일이나 배워야지.[14] 學圃小人須

---

10) 후한後漢 장형張衡의 자字가 평자平子이다. 그는 육예와 오경에 능통하였으나 뜻을 펼 수 없게 되자 이도부二都賦를 지어 세태를 풍자하였다.

11) 여수는 굴원屈原의 누님으로 굴원에게 처신에 대하여 충고를 했던 인물이다.

12) 《장자》〈추수秋水〉편에 '거북이 죽어서 사당 위에 놓여 있으면서 귀여움을 받기 보다는 살아서 진흙탕 속에서 꼬리를 끌며 지내는 것이 낫다.'한 말을 인용한 것으로, 벼슬에 속박받지 않고 향리에 은둔하여 편히 살겠다는 뜻을 드러낸 것이다.

13) 오수聱叟는 당唐 원결元結의 호號이다. 그는 벼슬을 그만두고 번구樊口에 은둔했던 인물이다.

뱃전에서 밥을 먹기도 하고 船尾抄雲子
강가에 감귤柑橘도 심어야지. 江頭種木奴
두더지가 하수를 마신다 해도
배를 채우는데 불과하고[15] 飮河盈鼴腹
우물에 뛰어든 개구리는 발만 잠기면
낙樂으로 여긴다네.[16] 跳井沒蛙跗
천지 사이의 나그네 되었고 天地爲遊子
연파煙波에 떠다니는 낚시꾼 되었네.[17] 煙波作釣徒
돌이켜 생각하니 성군聖君이 다스리는 시대에 翻思神聖代
어찌 차마 산골에 숨어 살리오. 何忍草萊逋
깨끗하고 향기로운 난초를 차고 佩潔紉芳蕙
한미寒微한 집일망정 벽오동 심어야지. 巢寒戀碧梧
마음을 닦아 급암汲黯의 정직[18]을 아름답게 여기고 操修憐汲直

14) 《논어論語》 〈자로子路〉편에, '번지樊遲가 농사를 배우려 하자 공자께서 "소인이로구나, 번지여! 예禮와 의義와 신信을 좋아하면 사방 백성들이 모두 복종할 터인데 왜 농사를 짓고자 하느냐."' 한 곳의 번지가 곧 번수樊須이다.

15) 《장자》 〈소요유逍遙遊〉편에, '두더지가 황하 물을 마시면서 "이 물이 모두 내 것이다." 해도 제 배를 채우고 나면 남은 물은 필요가 없는 것이다.'한 말을 인용한 것이다.

16) 《장자》 〈추수〉편에, '메워진 우물에 있는 개구리는 제 발등을 겨우 덮을 만한 물을 갖고도 낙樂으로 여긴다.' 하였다.

17) 당唐의 은자 장지화張志和는 현진자玄眞子라는 글을 짓고 자신을 연파조도烟波釣徒라 하면서 낚시에 미끼를 달지 않아서 고기잡이에 뜻이 없음을 밝혔다. 이 구는 백운이 자신을 장지화에 비유한 것이다.

18) 급암은 한 무제漢武帝에게 자주 직언을 했던 사람이다.

꿈속에서도 삼대의 태평시절 대하리라.[19)] 夢想對高兪
신세가 한탄스러우니 거울보기도 번거롭고 身世煩窺鏡
신 삼는 일도 게을러졌네. 生涯倦織絇
말을 비록 간절 절실하게 해도 出言雖切切
쳐다보는 눈초리는 비웃음만 띄었네. 廻眼例盱盱
죽실竹實을 닭과 오리에게 설명함과 같고[20)] 竹實談鷄鶩
대춘大椿의 나이를 쓰르라미에게
말함과 같도다.[21)] 椿年語蟪蛄
말세를 만난 것을 스스로 탄식하니 自嗟遭世晚
남들이 때때로 우활하다고 꾸짖네. 人道與時迂
우레를 치며 비가 처음 내리게 되면 雷雨初驚後
천지를 씻어버릴 수 없겠는가. 乾坤可滌無
꺼진 재에서도 불 다시 살아나길 기대할 수 있고 死灰期復煽
병든 나무도 싹이 다시 돋을 수 있으리라. 病樹會重蘇
기국과 학식을 누가 천박하다 말하는가 器識雖云淺

---

19) 《서경書經》 〈순전舜典〉의 '요왈유堯曰兪'를 지칭하는데, 요유堯兪라 하지 않고 고유高兪라 한 것은 고려 정종定宗의 명이 요堯이므로 휘諱하여 고高로 대치代置한 것이다. 여기서는 삼대三代의 태평성대太平聖代를 그린다는 뜻이다.

20) 봉황이 먹는 죽실을 닭이나 오리가 알 턱이 없듯이, 자신의 고상한 뜻을 소인배들이 알 수 없다는 뜻이다.

21) 《장자》 〈소요유〉편에, '쓰르라미는 여름 한 철만 사는 동물이므로 봄과 가을을 모르는데 8천 년이나 오래 사는 춘椿나무를 어찌 알겠는가.' 한 말을 인용하여, 얕은 식견일 가진 사람들은 자신의 깊은 뜻을 알 수 없음을 비유한 것이다.

마음속에 품은 포부 펼쳐 보이고 싶도다. 心肝要欲刳

(《전집》 권1, 〈정장시랑자목일백운呈張侍郞自牧一百韻〉 中)

라고 읊어서, 벼슬길에 나가고 싶은 생각과 산림에 은둔하고 싶은 생각이 오락가락한다. 경제적으로는 곤궁해졌고 환로宦路도 트이지 않는데, 동방급제자들은 모두 벼슬을 얻어 드날리고, 자신만이 벼슬 찾는 일에 수주대토하는 송인宋人처럼 어리석어 뒤떨어졌고, 나이는 계속 먹어가니, 답답하고 초조한 마음을 누를 수가 없었다. 이러한 근심을 술로나마 달래고 싶지만 그것도 뜻대로 되지 않는데다, 우활하다 방광하다 하고 모함하는 무리들이 많아서 더욱 상심하였다.

쥐파리 같은 소인들 및 부수지참膚受之讒으로 남을 모함하는 간신배들이 많아 용 같은 큰 인물은 활동무대를 잃고 도마뱀 같은 소인 무리들이 득실대는 말세가 되었으니, 도연명처럼 귀거래歸去來하고, 거북처럼 죽은 후 뼈가 묘당 위에 얹혀 귀여움을 받기보다는 살아서 꼬리를 진흙 속에 끌고 다니는 편을 취하리라. 환해宦海에서 더럽힘을 받기보다는 농사짓고 고기 잡으며 난초처럼 깨끗하게 향기를 발하며 지내리라.

봉황이 먹는 죽실을 닭이나 오리가 알 리가 없고, 팔천세를 일춘一春으로 여기는 대춘大椿나무를 여름 한 계절만 살다가 죽는 쓰르라미가 이해할 리 없어서, 봉鳳 같고 춘椿 같은 자신을 우활하다고 꾸짖으니, 어느 날에나 나를 알아주는 사람을 만나서 봄에 내리는 비처럼 천하에 은택을 입히고, 꺼진 재에서 불이 다시 살아나듯 병든 나무에서 새 싹이 돋아나듯이 할 수 있을까 하고 괴로워하였다.

이 시기에 백운은 문명이 이미 널리 알려져서, 비록 벼슬자리는 얻지 못하였지만 문인들이나 고관들의 주연에는 의례히 참석하여 주필시走筆詩로 시재를 과시하기도 하고, 요직에 있는 이들에게 위의 시와 같은 구환시求宦詩를 지어 보내어 벼슬을 얻기 위해 노력하기도 하였지만, 벼슬길은 좀처럼 열리지 않았다.

〈동명왕편〉을 짓다

1184~1194년 사이는 십팔자참十八子讖[22]을 믿고 왕위까지 넘보는 이의민의 역심에서 야기된 중앙정국의 혼란과 지방 민란의 빈발로 국내외가 어수선했던 시기로, 식자간識者間에는 고려의 존립 자체에 대해서도 의구심이 생길 정도로 위기의식이 팽배했던 시기였다. 특히 경상도 지방에 창궐한 동경민란東京民亂을 비롯한 운문雲門(현 청도淸道)적賊 김사미金沙彌와 초전草田(현 울산蔚山)적賊 효심孝心 등의 발호는 신라 부흥운동의 성격을 띠고 있어서, 중앙정부의 골칫거리로 등장하였다.

바로 이 시기인 계축년(1193) 4월에 26세의 청년 이규보는 《구

22) 십팔자참은 당시에 떠돌던 이李씨가 왕이 될 것이라는 참설讖說을 말한다.

삼국사舊三國史》〈동명왕본기東明王本紀〉를 읽고 우리나라 최초의 건국서사시요 역사서사시인 〈동명왕편東明王篇〉을 지었다. 국가가 위기에 처했을 때에 《구삼국사》를 읽고 천제자天帝子 해모수海慕漱의 아들, 즉 천손天孫인 주몽朱蒙 동명왕東明王이 세운 고구려를 계승한 나라가 고려임을 강조하고, 위기에 처한 고려의 역사적 정통성을 수호하려는 의지가 〈동명왕편〉이라는 작품으로 발현된 것이다. 백운의 뜻은 고려의 국권을 수호하고 고려의 국체가 유지되는 속에서 자신이 영달하기를 기대하고 있었지만,[23] 당시의 백운의 처신이 집권자에게 용납되지 않아서, 분만憤懣을 품고 은둔생활을 꿈꾸기도 하는 정신적 방황이 계속되었다.

그가 지을 수 있으면 나도 지을 수 있으리

백운의 28세 때인 갑인년(1194)에는 〈논조수서論潮水書〉를 지어 동각東閣 오세문吳世文에게 바쳤다. 이는 백운보다 37~8세 연상이고 오세재의 형인 오세문이 〈조수론潮水論〉을 지은 후 이를 자랑하면서 보여주겠다고 약속하고도 보여주지 않자, 그가 지을 수 있다면 나도 지을 수 있으며 내가 지은 것이 그가 지은 것보

23) 《전집》 권2, 〈문강남적기聞江南賊起〉에서 능력 있는 인물에게 토적討賊의 임무를 맡기면 응당 그들을 포박해올 것인데 관가에서는 어찌하여 그러한 인물을 돌아보지도 않는지 모르겠다고 탄식하였다. 이는 인물 등용의 불공정이 내우內憂의 원인이라고 하면서 자신과 같은 인물을 등용하지 않음을 은근히 비난하였다.

다 결코 못하지 않으리라는 오기와, 남에게 지고는 견디지 못하는 호승지벽好勝之癖이 발로되어 이 시를 짓게 된 것이다.

이 글에 드러나는 전고典故의 광범한 인용을 통하여 그의 독서의 범위와 넓고 깊은 식견을 알 수 있으며, 이미 이때부터 조수의 원인이 해와 달의 인력관계 때문이라는 것을 일부 식자층이 알고 있었음도 엿볼 수 있다. 오세재가 불귀의 객이 된 후인 27, 8세 때에는 그의 형 오세문과 망년우忘年友가 되어 가까이 지내면서 한편으로는 서로 문재를 다투기도 하였는데, 백운은 그에게 지기가 싫어서 상기 〈논조수서〉와 〈화오동각삼백운시和吳東閣三百韻詩〉를 짓게 된 것이다.

이 시기 백운의 생활은 외면만 본다면 평온한 생활을 한 것처럼 보인다. 성동城東의 초당에서 7, 8명의 노복을 거느리고 한가하게 지내면서, 정원이나 손질하고 자녀들 재롱이나 바라보며 소일하였다. 그러나 젊은 대장부가 품고 있는 뜻이 작은 정원이나 손질하면서 지내는 것일 수는 없으므로, 억지로 평안한 듯이 지내었지만, 세상에 나아가 문재를 발휘하고 출세하고 싶은 마음 밑바닥에서 꿈틀대는 욕망을 억제할 수는 없었다.

최씨정권의 등장

이즈음인 병진년(1196, 29세) 4월에는 또 한 차례 피비린내 나는 정변이 휘몰아쳐서, 잔인무도하고 탐학을 일삼던 이의민 일파가 최충헌 형제에게 제거되어 최씨정권이 등장하게 되었으며, 이

정변의 불똥이 백운의 주변에까지 튀어서 자형姊兄이 황려黃驪로 유배되었다. 백운은 이해 5월에 누님을 자형의 유배지인 황려로 모셔다 준 후 또 다른 자형의 임소인 상주尙州에 계신 모친을 뵙기 위하여 상주로 향하였다. 이때에 황려와 상주를 유력遊歷하며 폭염에 지치고 한열병寒熱病으로 고생하면서도, 80여 수의 남유시南遊詩를 짓고 10월에 귀경하였다. 반년동안 남유南遊하는 사이에 농사 감농도 못하다보니 농사와 양잠도 모두 엉망이 돼 버렸다. 이에 백운은,

지난해에는 동산의 뽕잎 무성하여	去年園中桑葉沃
누에마다 지은 고치 매우 컸었지.	神蠶作繭大於屋
오색의 운금雲錦 같은 비단 짜는데	織成五色雲錦羅
베짱이가 괴롭게 재촉하는 소리	
기다릴 것 없었지.	不待寒蟲苦相促
금년에는 뽕나무가 마르고 시들어서	今年桑老枯且萎
굶주린 누에 모두 죽어 실을 켜지 못했네.	飢蠶僵臥未生絲
온 집안이 팔짱만 끼고 겨울 추위 기다리는데	渾家拱手待天寒
베짱이 소리 들리니 마음이 먼저 슬퍼지네.	一聞促織先酸悲
아무리 울어대도 비단 한 자도 짤 수 없으니	千聲萬聲無一尺
네가 아무리 슬피 운들 무슨 도움이 있으랴	爾吟雖苦終何益

(《전집》 권7, 〈촉직탄促織歎〉 中)

라고 읊어, 누에치기를 망친 후 날씨가 추워오자, 다가올 신산辛酸한 생활에 번민하기도 한다. 이에 더하여 장거리 여행과 병고로 까만 얼굴에 누런 수염을 가진 연자蜒子(남만족南蠻族의 일종)같이 피골이 상접한 몰골로 변하였고, 10월 쌀쌀한 날씨에도 홑옷에 잠방이 바람으로 돌아오니 친구가 몰라보고 가족들도 피할 정도였다.

1170년부터 1196년까지 26년간 무신들 사이의 끊임없는 정쟁을 거쳐 최후의 승자가 된 최충헌이 확고한 기반을 구축하자, 정국은 소강상태가 되고 문신들도 최충헌 문하로 모여들었으며, 이런 추세가 백운에게도 환로에 오를 수 있는 계기로 작용하였다.

기대와 좌절

백운의 30세 때인 정사년(1197) 12월에 총재冢宰(이부상서吏部尙書의 별칭) 조영인趙永仁과 상국相國 임유任濡, 최선崔詵, 최당崔讜 등 네 대신이 연명聯名으로 차자箚子를 올려 백운을 천거하면서, 지방관으로 임명하였다가 장차 문한文翰의 임무를 맡기기를 청하였고, 국왕도 이를 윤허하였다.

그러나 이때에 상식으로는 도저히 이해할 수 없는 일이 일어났다. 왕의 재가까지 받은 추천서류가 이부吏部에 회부되지 않고 백운에게 악감을 품고 있던 장주승선掌奏承宣(조선시대의 승지承旨에 해당) 모인某人의 손에 들어가 행방불명이 되었다. 이렇게 되자 총재 조영인도 그런 추천차자推薦箚子를 올린 일이 없다고 거짓

해명하면서 사건을 덮어버리려 하였다.

왜 이런 해괴한 일이 일어났을까? 이 사건이 과연 백운에게 사감私感이 있는 일개 승선承宣(3품관)에 의해서만 이루어진 것일까? 국왕의 재가가 난 서류를 감추어 시행이 안 되게 한 관리가 아무 처벌도 받지 않을 뿐만 아니라, 인사담당 장관인 총재 조영인은 그 사건을 규명하기는커녕 도리어 그런 차자를 결재에 붙인 일이 없다고 발뺌까지 한다.

이는 국왕이 결재한 서류도 무시하고 그 시행을 막을 수 있는 거대한 세력이 배후에서 작용한 것으로 보아야 한다. 그 당시 이런 힘을 가진 세력은 무신 최충헌 세력 외에는 없었다. 최충헌 측에서는 시와 술이나 즐기고 방광한 행동을 하면서 자기에게 접근하지 않는 백운을 위험인물로 생각해서 그의 등용을 막은 것이다. 이러한 어처구니없는 사건으로 절호의 기회를 잃은 백운의 낙망은 이루 형언할 수가 없었다.

네 명의 대신이 자신을 천거했다는 소식을 듣고 뛸 듯이 기뻐서 총재 조영인에게 편지를 올려 성격이 광견狂狷하고 학문이 천박하여 등제登第한 후 8년간 초사初仕도 못한 자신을 천거해준 은혜에 대하여 "말라 죽을 처지가 된 붕어에게 물을 대어 살려준 것과 같으니, 당신을 위한 일이라면 이 목숨을 홍모鴻毛보다도 가볍게 여기고 바치겠습니다. 진실로 이 몸이 살아있는 한 어느 날인들 이를 잊을 수 있겠습니까?" 하면서 감격해하다가, 왕의 윤가允可를 받은 서류가 사라져서 그를 등용하려던 계획이 없었던 일로 되어버렸다는 소식을 듣고는 하늘이 무너지는 듯 절망하였다.

이에 "옛날에 은 술잔이 날개가 돋아서 날아갔다 하더니, 오늘은 차자가 신선이 되어 날아갔다네."라고 풍자하면서 총재에게 다시 글을 올려,

> 저는 못난 남자로서 현군賢君이나 명상名相에게 추천받아 채용될 만한 한 가지의 재예才藝도 없습니다. 그러므로 스스로 분수를 알아서 머리를 움츠리고 감히 괴기瑰琦처럼 영위英偉한 분들의 대오에 참여하려는 요행을 바라지 않았어야 마땅합니다.
>
> 그러나 각하께서는 저의 못남을 모르시어 헛된 명성만 들으시고 크게 권우眷遇해주셨고, 양부兩府의 세 상국相國과 함께 연명聯名으로 밝으신 천자께 차자를 올려서, 군직郡職에 보補했다가 장래에 탁용擢用할 계제階梯를 마련코자 하시자, 이를 윤허하는 조서가 내려왔는데, 미처 전조銓曹에 회부되기도 전에 갑자기 은배銀杯가 화우化羽했듯이 없어져버렸으므로, 조정과 사림들 중에 그것을 알고서 손가락을 튀기며 탄식하고 의아해하지 않는 사람이 없으니, 상국각하께서도 이를 들으셨을 것입니다.
>
> 그래도 저는 오히려 각하의 강명剛明한 과단果斷을 믿고 삼가 생각하기를 '일이 이미 허락된 것이니, 어찌 서류가 있고 없음을 구실삼아서 장부丈夫의 중언重言을 저버리겠는가.' 하면서 반드시 이루어지리라고 믿고 있었는데, 반정頒政 후에도 적연히 아무 말이 없어서 전에는 웃다가 후에는 울부짖게 되었고 도리

어 여러 무리들의 조소거리가 되었으니, 얼굴에 땀이 나고 낯빛이 붉어지지 않을 수 있겠습니까.

그 뒤 각하께서 하셨다는 말씀을 듣건대 조지朝旨가 천조天曹에 내려온 일이 없다고 해명하셨다 하니, 이 또한 저를 구출하기 위해서 하신 말씀일 것이라고 여겨 원망하지는 않습니다만, 어찌 하필이면 그렇게 하셨습니까?(……)

재상이 아뢴 말씀은 진실로 가볍게 처리할 수가 없는 것이며, 더군다나 한두 재상이 한 것도 아닌데다, 상주한 내용이 한 사람의 선비를 천거하여 모든 사람을 고무하려는 의도에 근본을 둔 것으로, 그 의의가 작은 것이 아니었습니다. 만약 주상主上께서 불윤不允하셨다면 그만이지만, 윤허允許하셨는데도 중간에서 이러쿵저러쿵하니, 이는 상주하는 일을 맡은 사람의 못된 짓으로, 그 죄를 반드시 물어야 합니다.

각하의 위엄은 백관의 위에 있으시어, 권한이 조정에서 어깃장을 놓는 간특한 이들을 규탄하기에 부족하지 않으시니, 마땅히 차자를 빼앗은 까닭을 힐문하셔서 그 죄를 논박하셨어야 하는데, 그렇게 하시지 않으셨으니, 조정의 기강과 국헌을 어떻게 바로잡을 것이며, 천자의 이목은 어떻게 넓어질 수 있을 것이며, 역량 있고 훌륭한 뜻을 간직한 선비들을 어떻게 진출하게 할 수 있겠습니까. 저는 삼가 각하를 위하여 이를 애석하게 여깁니다.

옛날 어떤 사람이 "말이 하루에 얼마나 먹느냐." 하니, 말주인이 "걸곡식 몇 말〔斗〕을 줍니다." 하므로, "그러면 왜 말이 여위느냐." 하니, "제가 그렇게 생각만 하고 있을 뿐 그대로 주지는 않습니다." 하였답니다. 제 형편이 이와 같아서 진실로 주리고 여위는데도, 각하께서 딱하게만 여길 뿐 끝까지 돌보아주려 하지는 않는 것입니까?

저는 못났지만 평생 오직 신실하고 정직하게 살았다고 자부하면서 쌓인 생각을 각하께 다 털어놓아서 비록 자신을 높이는 것이라도 사양하지 않고 숨기지도 않겠으니, 각하께서 다 들어주십시오.

저는 9세부터 글을 읽을 줄 알아서 지금까지 손에서 책을 놓지 않고 시서육경詩書六經, 제자백가諸子百家, 사필지문史筆之文부터 유경幽經, 벽전僻典, 범서梵書, 도가지문道家之文에 이르기까지, 비록 근원을 끝까지 밝히고 묘리를 찾으며 깊고 은미한 의미를 탐구하지는 못하였지만, 섭렵유영涉獵遊泳하며 정화精華를 채집하고 문사文詞를 구사하여 조식藻飾을 펴는 도구로 삼지 않은 것이 없습니다.

또 복희伏羲 이래로 삼대三代·양한兩漢·진秦·진晋·수隋·당唐·오대지간五代之間의 군신의 득실과 방국邦國의 치란治亂 및 충신忠臣·의사義士·간웅奸雄·대도大盜의 성패와 선악의 자취를 비록 모두 포괄하여 하나도 빠짐없이 밝히지는 못하였으나, 번다한 것은 잘라내고 중요한 것을 모아 거울삼아보며, 이를 기록하고 암기해서 때에 맞추어 적절하게 응용하지 않은 것이 없습니다.

혹 종이에 글을 짓고 풍월을 읊게 되면 비록 장편거제長篇巨題로 백운百韻에 이르는 것이라 해도 거침없이 써내려가서 붓을 멈추거나 머뭇거린 일이 없으며, 그 작품들이 비록 금수錦繡에 배열하고 주옥에 편입할 수는 없다 해도 시인의 체재體裁를 잃을 정도는 아니었습니다.

돌이켜보건대. 자부自負가 이러함으로, 끝내 초목과 더불어 썩어버리기는 애석합니다. 기필코 한 번 다섯 치 되는 붓대롱을 잡고 대궐문을 지나 한림원에 올라서, 국왕을 대신하여 초고를 보고 비답을 짓고 훈칙을 내려, 황모皇謨 제고帝誥의 문사文詞가 사방에 선양되게 하려는 평생의 뜻을 실현하고야 말겠습니다. 어찌 쩨쩨하게 몇 말 몇 되의 봉록이나 구하여 처자나 먹여 살리는 무리가 될 수가 있겠습니까.

아아! 뜻은 큰데 재능은 성글고 타고난 운명도 궁박하여, 나이 30이 되도록 한 군현의 소임도 맡지 못하고 고고孤苦한 온갖 형편은 이루 말로 표현할 수가 없으니, 저의 앞길을 이미 알 만합니다. 그러나 저의 행장行藏과 거취去就는 각하가 결정짓게 되었으니 그 진퇴進退와 승강昇降 역시 각하께서 보시고 채택하기에 달렸는데, 제가 오히려 무슨 말씀을 더 올리겠습니까.……

만약 세 번째 찾아 뵈어도 들어주지 않는다면, 저는 본래 편협하여 조석으로 왔다 갔다 오르락내리락하며 잘 보이기를 바라는 사람은 아니니, 차라리 멀리 깊숙이 도망쳐 숨어서, 사슴이나 고라니와 더불어 수풀이 무성한 시골에서 뒹굴지언정, 어찌 다시 상국相國의 문에 나아가 개구멍이나 마구간 옆에 서서, 티끌이나 오물에 더럽혀질 수 있겠습니까. 《맹자》에, '누구나 일찍이 벼슬하지 않으려는 사람은 없으나, 도에 맞지 않게 벼슬에 나아가는 사람은 구멍을 뚫는 도둑과 같다.' 하였습니다. 제가 스스로 나선 것도 이미 지나쳤는데, 또 구멍 뚫는 일이나 담장 넘는 여자 노릇이야 할 수 있겠습니까.

(《전집》 권26, 〈상조태위서上趙太尉書〉)

하였다. 이 장문의 편지에서 백운은 왕이 재가한 유조諭詔가 시행되지 않아서 조야朝野에 자신이 관직을 얻게 되었다는 헛소문만 널리 퍼지고 말았으니 부끄럽기 그지없다고 하면서, 주상이 윤가한 차자를 탈취해 없애버린 자를 논죄하여 조정의 기강과 국헌을 바로잡을 것을 역설하고, 9세부터 독서를 시작하여 지금까지 손에서 책을 놓지 않고 온갖 전적을 두루 섭렵유영하여 문장을 아름답게 짓는 재료로 삼지 않은 것이 없으며, 제영풍월題詠風月하는 능력은 장편거제長篇巨題로 비록 백운百韻에 이르는 시라도 붓을 머뭇거리지 않고 자유분방하게 삽시간에 지을 수 있으니, 이 실력을 한 번 발휘하여 대궐문을 지나 한림원에 올라 비칙批勅, 훈령訓令, 황모皇謨, 제고帝誥 등을 지어 천하에 널리 펼쳐보는 것이 평생의 소원이라고 하였다.

그러나 초야에 묻혀 썩어 없어지는 사람이 될지언정, 정도에 합당하지 않은 방법을 동원하여 벼슬자리를 도둑질하지는 않겠다고 선언하였다.

이 편지를 통하여 백운이 그토록 간절하게 벼슬길에 오르려 하는 소이所以가 봉록을 받아 처자를 먹여 살리기 위해서가 아니요, 자신의 문장력으로 왕의 비칙, 훈령, 황모, 제고를 지어 사방에 선창하기 위해서라고 밝히고 있다.

자신을 변호하다

이 사건은 백운에게 귀중한 교훈이 된 듯하다. 무신이 집권하고 있는 한 관직에 오르려면 문신뿐 아니라 무신들의 인정도 받아야 되고, 방광 광견하다는 세평世評도 불식시켜야 함을 깨달은 것이다. 이에 관직 진출에 영향을 끼칠 만한 인물들을 찬양하며 자신을 천거하는 편지와 시를 계속 지어 보내고, 한편으로는 방광 광견하고 오만하다는 세평에 대하여 해명도 하고 반박도 하였다. 〈광변狂辯〉을 지어서, '거사를 미쳤다고 하는 사람들이 사실은 미친 자들이고, 벼슬을 얻은 후에는 하루아침에 행동이 달라지는 사람들이 미친 사람들이요, 거사는 미친듯하나 그 뜻은 바른 사람' 이라고 자신을 변호하였다. 또한,

> 진신搢紳으로부터 벗들에 이르기까지 미치광이로 지목하지 않는 사람이 없고, 저 역시 뭇사람들의 비난을 견디지 못하여 스스로 광객狂客이라고 이름붙이기도 하였으니 미쳤다는 것은 헛된 이름이 아니라 사실이었습니다. 대저 대장부가 재주가 있

으면서 떨치지를 못하고, 온축蘊蓄한 것이 있으면서 펴지를 못하면, 기운이 흉흉洶洶하여 마치 물이 돌아가는 굽이를 만나 괴어 있으면서 노기怒氣를 배설하지 못하는 것 같다가, 술이 얼근해지면 분기憤氣가 흉중胸中에서 일어나 목구멍으로 치밀어 올라, 마치 물이 제방을 무너뜨리고 언덕을 할퀴며 범람하기를 그치지 않다가 다 빠진 뒤에야 마는 것과 같으니, 이래서 미치광이인 것입니다. 그러나 이것은 실의한 속에서 술에 의해 미친 것이므로, 정신이 혼미해지고 미쳐서 내닫는 사람과는 다르니, 만일 어느 날 하루아침에 뜻을 얻어 관작과 공명으로 굴레를 씌우고 재갈을 물리면, 온갖 농간을 다 부리며 미친 짓을 하라고 권해도 하지 않게 될 것입니다.

(《전집》 권26, 〈정윤낭중위서呈尹郎中威書〉)

하여 이제까지 광견한 행동을 한 것이 사실이지만, 이는 재능을 발휘할 수 없는 분만忿懣이 술로 인해 폭발한 것이니, 벼슬만 얻는다면 저절로 해소될 것이라고 변명하였다. 한편 그를 아끼는 사람들은 그에게 겸손하게 처신하도록 충고하기도 하였다. 민식閔湜은,

선비는 마땅히 겸손하고 삼가는 뜻을 가져야 한다. 요사이 임춘林椿이라는 시인이 재주를 믿고 남을 오만하게 대하다가 끝내 과거에도 급제하지 못하고 곤궁하게 굶주리다 죽었는데, 그대의 재주를 보니 임생林生에게 뒤지지 않는데도 항상 겸손하고

자신을 낮추어서 조금도 버릇이 없거나 오만한 빛이 없으며 외모도 윤택하니, 반드시 원대한 뜻을 이루는 사람이 될 것이다.

(《전집》 권26, 〈상민상시식서上閔常侍湜書〉)

하여, 백운을 임춘에 빗대어 광견함을 버리고 항시 겸공비손謙恭卑遜하게 처신할 것을 완곡하게 충고하였다. 백운은 이 충고를 듣고 감격하여 더욱 근신하겠음을 맹세하였다.

한편 백운은 당시의 권신인 최충헌 세력에게도 접근을 모색했던 듯하다. 백운의 가계도 무신들과 무관하지는 않았다. 숙부 이부李富는 대장군이 되어 조위총란趙位寵亂의 잔당殘黨을 토평討平한 일도 있으므로 그런 연고를 이용하여 최씨 무신정권에 접근한다면 불가능할 것도 없었다.

최충헌을 찬양한 뒤 관직에 올랐지만

문신들과의 교유를 지속하며 방광 광견하다는 세평을 씻어내기 위하여 근신하면서 무신에게도 접근한 처세가 효과가 있어서, 드디어 최충헌의 저택에서 벌어진 시회에 초대받게 되었다. 기미년(1199, 32세) 5월에 최충헌의 저택에 천엽류화千葉榴花(겹 석류꽃)가 만발하자, 빈객들을 초치하여 완상하게 하고, 이인로李仁老, 함순咸淳, 이담지李湛之와 백운을 불러 시를 짓게 하였다.

이에 백운은, '남산의 모든 대〔竹〕를 베어다가 붓을 만들어 그 공을 기록한다 해도 모자란다.'라고 최충헌의 공적을 찬양하면서,

이 시회에 참여한 영광은 백월인百越人(남만인南蠻人)이 장보章甫(예복)를 입은 것과 같아서, 처자들도 나를 다시 쳐다보고 벗들도 출세길이 가까워졌다고 축하하며 감격한다 하였다. 그 뒤 어느 날 최충헌이 곁에 있는 사람들에게 이르기를 "요즈음 문신 네 상국相國이 모인某人을 추천하려다 이루지를 못하였고, 차자를 빼앗은 사람도 있다는데, 문신들은 서로 시샘함이 이와 같다." 하여, 백운을 임용하려는 왕의 교서가 없어진 이유를 문인들끼리의 시샘 때문인 듯이 호도하면서 백운을 등용할 뜻을 표하다가, 6월 반정頒政때에 전주목全州牧의 사록 겸 장서기로 보補하였다.

상기 최충헌의 말은 국왕의 재가까지 난 서류를 무효화시켰던 자신의 행위에 대한 변명이며, 또한 백운을 등용하지 못한 책임을 문신 간의 질투로 돌린 것이다. 이것은 또한 앞으로 백운을 등용하느냐 않느냐의 여부는 문신들의 천거 여부에 달려 있는 것이 아니요, 최충헌에게 어떤 인물로 인식되느냐가 관건임을 백운에게 확실하게 알려 준 것이다. 최충헌이 백운을 등용할 뜻을 갖게 된 것은 이미 중망衆望이 있고 문명文名을 드날리고 있는 백운이, 자기 수하에 들어와 충성을 다할 수 있도록 순치馴致가 되었다고 판단한 것이다. 여하간 이제 백운은 최고 권신에게 광견방광한 생활을 청산하고 그들의 체제에 순응하려 하는 인물로 인정을 받아, 비록 말직이지만 그토록 원하던 관직에 오르게 된 것이다.

동년 6월에 전주에 부임한 백운은 익년 12월까지 1년 반 동안

근무하다가 임기를 채우지 못하고 면직되었다. 그 사이 공무의 여가에 그 지방 열군列郡의 풍토와 산천의 승경勝景을 읊은 60여 편의 시를 짓기도 하였지만, 전주 생활의 나날은 괴로움의 연속이었다.

산같이 쌓인 문서의 처리나 복잡한 송사訟事의 처리가 적성에 맞을 리가 없어서 얼굴에 웃음을 띤 날이 없었고, 하급 관리이므로 녹봉이 후할 리도 없어서 비단옷 한 벌 해 입지 못하였고, 주머니 속에는 돈 한 푼 없어서 부인의 얼굴에 주름살이 펴지는 날이 없으며, 아이들은 배가 고파 울부짖었다 하니, 이런 곤궁한 생활도 고통을 가중시켰을 것이다.24)

더구나 천신만고 끝에 얻은 벼슬이라 큰 기대를 가지고 부임한 백운에게 작목관까지 맡겨 변산邊山 산중에 들어가 인부들의 벌목 감독까지 하게 하니, 직책에 대한 불만도 컸다. 설상가상으로 탐학, 간교한 통판랑장 모인某人과 수차 공적인 일로 대립하다가 터무니없는 모함을 당하여, 모처럼 얻은 관직에서 파면되었다.

1년 반 동안의 전주 생활로 인해 지금까지 어떤 구애도 받지 않고 자유로이 살면서 번화한 서울 거리에서 취유醉遊하던 지난날의 생활을 그리워하게 되었고, 청산靑山 백운白雲으로 들어가 띠집을 짓고 《노자》나 읽으면서 지내기를 바라게 되었다. 즉 환해宦海에 있으면 청산백운이 그리워지고, 청산백운에 있으면 환

---

24) 《전집》 권9, 〈막도위주락莫道爲州樂(4수首)〉, 〈자이잡언自貽雜言(8수首)〉 등에 이런 심경을 드러내었다.

해가 그리워져서, 어느 곳에서도 안주하지 못하고 방황했던 것이다. 파직당한 후 처형 진공도晋公度가 서기로 있던 광주廣州에 머물다가 신유년(1201, 공 34세) 정월에 상경하였고, 4월에 다시 매형의 임지인 죽주竹州로 내려가 그곳에 계신 모친을 모시고 5월에 개경 집으로 돌아왔다.

임술년(1202, 35세) 5월에는 모친상을 당하였고, 성동의 옛집을 떠나 성남城南 안신리安申里 색동塞洞(후에 백운이 천개동天開洞으로 개명함)으로 이사하였다.

반적 토벌에 참여하다

그해 12월 동경의 반도叛徒 패좌孛佐 등이 운문雲門·울진蔚珍의 적당賊黨과 함께 반란을 일으켰으므로 조정에서 삼군을 내어 정벌하게 되었다. 이에 군막에서 과거급제자 가운데 벼슬이 없는 사람들을 수제원으로 충당하려 하였으나 모두 핑계를 대고 피하였는데, 백운에게 요구하자 개연히 말하기를 "내가 나약하고 겁이 많은 사람이기는 하나 나도 국민의 한 사람인데, 국난을 당하여 회피한다면 대장부가 아니다." 하고 드디어 종군하였다.

막부에서는 이를 고맙게 생각하고 왕께 상주하여 백운을 병마녹사 겸 수제원으로 임명해서, 막부에서 문한을 담당하는 참모가 되었다. 이에 부대를 따라 청주淸州·상주尙州를 거쳐 계해년(1203, 36세)에 동경 군막軍幕에 이르러 각종 제문, 초례문醮禮文, 원문願文 등을 지어 전승을 기원하고 영령들을 위로하였으며, 여가가 있으면 시문을 지으며 지내다가 반적叛賊 토벌이 끝나 갑자년 3월에 개경으로 돌아왔다.

정부에서는 개선한 장졸들에게 많은 상을 주었는데 백운만이 이에서 제외되자, '토벌 끝난 후 논공에서 누가 으뜸이었는가? 아직까지 문필로 봉사했던 사람은 기억해주는 사람이 없네.〔獵罷論功誰第一 至今不記指縱人〕'라고 읊으며 섭섭해 하였다.

그가 동경 민란 토벌에 감연히 종군한 것은, 국난을 당하여 국기國基를 수호하려 했던 애국심이 첫째 이유였겠지만, 한창 일할 나이인 30대에 벼슬자리를 잃고 무료하게 보내던 그에게 비록 위험한 일이지만 국가에 봉사할 수 있는 명분 있는 일에 종사할 수 있게 된 것도 하나의 이유였을 것이며, 아무도 원하지 않는 험한 일을 치르고 오면 그 노고를 알아주는 이가 있어서 앞으로의 환로에도 도움이 될 것이라고 여겼을 것이다.

그러나 그의 노고를 치하하고 이에 보답하려는 사람이 없게 되자 울분을 느끼면서, 이러다가는 뜻도 한 번 펴보지 못하고 생을 마치게 되지나 않을까 하고 초조해 하였다. 백운이 개환凱還해서(37세) 최선崔詵에게 올린 구환서求宦書에,

> 사나이가 30대 초에 벼슬길에 오르더라도 오히려 늦다고 하겠는데 제가 이미 37세나 된 데다, 일찍부터 쇠약하고 병이 많았기 때문에 34세부터 흰 머리가 보이더니, 뽑아도 계속 돋아서 이제 반백이 되었습니다.……그렇다면 나라를 도우려는 마음은

> 어디에서 이루고, 그동안 글을 읽은 노고는 어디서 보상받을 것이며, 백세에 전할 이름은 어디에 남길 수 있겠습니까. 이것이 제가 밤중에도 세 번씩이나 일어나 하늘을 우러러보며 크게 한숨짓는 이유입니다.[25)]

하면서, 문한文翰의 직職에 빈 자리가 있다 하니 잠시 그 직에 임용하여 능력을 한 번 시험해달라고 간곡히 청하였다.

백운은 23세에 등과한 후 39세에 이르기까지 17년간 상술한 바와 같이 전주목 사록 겸 장서기 1년 반, 동경 반적 토벌군 병마녹사 겸 수제원 1년 4개월 등 미관말직을 약 3년간 역임하였을 뿐, 그의 문재는 중인으로부터 인정을 받았으면서도 그토록 고대하던 문한의 직에는 오르지 못하고, 그 울분을 시와 술로 달래면서 정신적 방황을 계속하였다.

---

25) 《동국이상국집》〈연보〉에는 〈상최상국선서上崔相國詵書〉를 38세 때인 을축년(1205)에 지은 것으로 되어 있으나 편지 내용중에, '황복행년이삼십유칠년의況僕行年已三十有七年矣'라 한 것으로 보아 갑자년(1204) 동경민란東京民亂에 종군했다가 돌아와서 그해에 쓴 것으로 보인다.(〈상최상국선서〉는 《전집》 권26에 수록收錄되어 있음.)

3. 자리 따라 마음도 들쑥날쑥 [사환기仕宦期 40~70세]

바라고 바라던 그 자리

백운의 벼슬을 구하기 위한 노력과 갈등은 39세에 끝나고 40세에 이르러 그토록 그리던 문한의 임任을 담당한 후, 중간에 약간의 기복은 있었지만 비교적 순탄하게 승진을 거듭하고, 국조國朝의 고문대책高文大冊(문장이 뛰어나고 웅대한 글)과 외국에 보내는 서표書表 등의 제작을 독담獨擔하여 국가의 외교적 난국을 타개하는 데 크게 기여하면서, 스스로도 보람을 느끼고 지낸 시기가 사환기仕宦期였다.

백운이 동경민란東京民亂 토벌에 종군하였다가 개환凱還한 후 뜻대로 되지 않는 세상사에 실망하여 두문불출하고 지낼 때에 사관史官·한원翰院·국학國學 등의 유관儒官들이 인물을 천거할 시기가 되면 매년 백운을 수망首望으로 천거하였고, 좌우에도 백운을 칭찬하는 사람이 많았다.

진강후晋康侯 최충헌도 중인의 뜻을 계속 어기기가 어려워서 그를 등용할 생각을 갖게 되었지만, 중망衆望을 받아들여 등용했다고 믿게 하기보다는 자신과의 인연을 계기로 하여 등용되었다고 믿기를 바랐다. 그때 마침 그의 저택에 모정茅亭이 준공되니, 이인로李仁老, 이원로李元老, 이윤보李允甫와 백운 등을 불러 모정기를 짓게 하였는데, 백운의 글이 일등으로 뽑혀 판에 새겨 벽에 걸게 되었으며, 이를 계기로 정묘년(1207, 공 40세) 12월에 직한림원에 임시로 보임되었다.

자신이 바라던 자리인 한림원에 비로소 들어가게 되었으므로 감회가 없을 수 없어, '늘그막에 은총을 입어 흰 수염을 흩날리며 옥당에 올랐는데도, 남들은 오히려 노학老鶴이 초헌軺軒을 타고 가는듯하다고 찬양하지만, 늙고 병들어 사양길에 접어든 자신은 갈대나 그려낼 뿐이요 작약芍藥을 읊을 마음은 없다'고 하면서, 한편으로는 최충헌에게 계啓를 올려,

> 자취를 감추고 물러나 숨어서 문을 닫고 지내며 스스로 반성하고 있는 참인데 뜻밖에도 영공각하令公閣下께서 넓으신 도량으로 지난날의 자실疵失(전주목 사록 겸 장서기로 나갔다가 임기를 채우지 못하고 면직된 일)을 문제 삼지 않으시고, 제가 고루하고 졸렬하기는 하나 다른 뜻은 없음을 아시고, 갈고 닦은 능력을 시험해보고자 하시어, 군침 흘리는 악어의 입에서 망연자실하고 있는 넋을 거두어주시고, 수레바퀴자국에서 말라 죽게 된 붕어에게 물을 주어 살려내듯, 과분하게도 무용지재無用之材를 대언代言의 자리에 발탁해주시니, 쌓이고 쌓인 울분이 하루아침에 풀리게 되었습니다.
>
> 천지가 저를 낳아주었으나 내 몸을 윤택하게는 못하였고, 부모께서 저를 길러주셨으나 날개를 붙여주시지는 못하였으니, 무릇 저의 인생살이는 모두 공께서 생성해주신 것이라고 하겠

> 습니다. 각하께서 저를 써주신 것은 문장소기文章小技로나마 조정에 작은 공로라도 세우기를 바라신 것입니다. 저는 막힌 마음을 터놓고 우물의 썩은 두레박줄 같은 고루한 문장을 수리修理하여, 정신을 가다듬고 학업을 닦아, 황상皇上의 모훈謨訓을 조금이라도 윤색할 수 있도록 노력하겠으며, 손을 씻고 공을 받들어 명감明鑑에 누를 끼치지 않도록 노력하겠습니다.
>
> (《전집》 권27, 〈상진강후사직한림계上晋康侯謝直翰林啓〉)

하여, 세상사에 미숙하여 관장에게 항직불굴抗直不屈하다가 첫 번째 벼슬자리인 전주 장서기직에서 실패한 자신을 어질고 밝게 비추어보시는 지혜〔仁明鏡察之智〕로 다시 등용해 대언代言의 직을 맡긴 데 대하여 황공해하면서, 성심을 다해 직분을 수행하고 충심으로 공을 받들 것임을 맹세하였다.

이듬해 무진년(1208, 41세) 6월에는 임시직인 권보權補를 면하고 정식으로 직한림이 되었으며, 임신년(1212, 45세) 정월에 천우위녹사千牛衛錄事 참군사參軍事로 전직轉職되었다가, 6월에 다시 직한림원을 겸직하게 되었다. 천우위녹사로 있는 동안은 맡은 일이 뜻에 맞지 않았던 듯하다. 백운의 적성에 맞는 직책은 시문을 지어 문재를 발휘할 수 있는 자리였는데, 엄격한 상명하복이 요구되는 군부대에서 행정을 담당하게 되었으니, 그것이 적성에 맞을 리가 없었다. 이에 백운은,

오랫동안 명리名利를 탐하는 꿈에 취하여　　久貪名利夢方酣
전원으로 돌아가지 못함이 부끄러웠는데　　未去田園面自慙
흰 머리로 아직도
백료百僚의 뒷자리에 있으면서　　白首猶居百寮尾
청삼靑衫·목홀木笏 하급 관원으로
조례朝禮에 참석하네.　　藍衫木板趁朝參
시나 읊조리며 전원으로 돌아가도
굶지는 않으리니　　長嘯歸田應不餒
한 해 농사지으면
한 해 식량은 얻을 수 있으리라.　　一年耕得一年糧

(《후집》 권1, 〈원일조회퇴래유감元日朝會退來有感〉 (시위천우참군時爲千牛參軍))

하여, 늘그막에 말직의 벼슬아치가 되어 백관의 하등下等에 머물면서 청삼·목홀로 조례에 말석으로 참여하게 되니, 차라리 일찍 전원으로 돌아가지 못했던 것이 후회스러워, 농사나 짓고 살아도 굶지는 않을 터인데, 환로宦路에 들은 것이 실수한 것이라고 후회하기도 하였다. 그 후 다시 직한림원을 겸직하게 되자 시 두 수를 지어 그 기쁨을 드러내었다.

승승장구

그 후 백운에게는 집권자인 최충헌·최우 부자의 인정을 받아

순탄하게 환해宦海를 헤쳐 나갈 수 있는 절호의 기회가 도래하였다. 즉 계유년(46세) 12월에 최충헌의 아들인 상국 최우가 연회를 크게 열어 진신귀개搢紳貴介들이 모두 모였는데, 백운도 팔품의 미관으로 특별히 참여하게 되었다.

야반夜半에 이르러 최우가 백운에게 "그대의 주필에 대하여 소문은 들었으나 직접 보지는 못하였으니 오늘 시험해봄이 어떻겠소." 하면서 이인로에게 운을 부르게 하고 '촉燭'으로 시제를 삼았는데, 사십여 운의 장시를 붓을 휘저어 삽시간에 완성〔走筆立成〕하니, 최우가 감탄하고 칭찬하기를 마지않았다.

최우는 다음날 그 시를 가지고 부친 최충헌에게 보이며 그의 능력을 한 번 시험해보도록 거듭 청하여 허락을 받았다. 이에 다시 백운을 불러 술을 대접하고 정중庭中에 노닐고 있는 공작孔雀을 시제로 하여 시를 짓게 하고, 상국 금의琴儀에게 사십여 운을 부르게 하였는데, 붓을 한 순간도 멈추지 않고 단숨에 시를 완성하니, 이를 지켜보던 최우가 감탄하여 눈물까지 흘렸다.

백운이 물러가고자 하자 최충헌이 희망하는 품계를 묻자 "제가 팔품관이니 칠품을 제수해주시면 족하겠습니다." 하였는데, 12월 반정 때에 칠품을 건너뛰어 사재승司宰丞(종6품)에 제수하였다. 이 사건을 계기로 집권자인 최충헌·최우 부자(그중에도 특히 최우)의 인정을 받게 되어 70세로 치사致仕할 때까지 비교적 순탄하게 환로를 걷게 되었으며, 특히 최우의 백운에 대한 권우眷遇는 매우 돈독하였다.

그 후 을해년(1215, 48세) 6월에 다시 참직參職의 품계를 청하는 시를 진강후에게 올리자, 즉시 우정언지제고右正言知制誥(정6품관)에 배拜하였으며, 그해 12월에 〈조향대묘송朝享大廟頌〉을 지었다. 정축년(1217, 50세) 2월에는 우사간지제고右司諫知制誥에 제수되어 자금어대紫金魚帶를 하사받고, 이에 〈초제사간겸수금자희증김정언初除司諫兼受金紫戲贈金正言〉시를 지어, '관복이 이제 청삼青衫에서 자수紫袖로 바뀌어, 뭇사람들의 선망의 대상이 되었네.'라고 기뻐하였다.

누명과 탄핵

동년 가을 벼슬이 정직停職되는 일이 벌어졌다. 이때에 최충헌이 결정한 일에 대하여 성중省中에서 논란이 제기되었던 듯하다. 이에 진노한 최충헌은 중서문하성의 서리를 불러 힐문하였고, 겁에 질린 서리가 이의를 제기한 사람이 백운이라고 착각하여 잘못 보고하였으므로, 최충헌이 백운을 불러 준열하게 꾸짖으니 위축되어 변명도 못하고 억울하게 정직을 당한 것이다. 백운은 〈상진강후서上晋康侯書〉를 지어 올려 "의안議案을 세워 발론發論하는 것은 성省에 있는 낭관郎官의 직책이므로 죄를 줄 일이 아니며, 더구나 발론자發論者는 다른 사람인데 엉뚱하게 제가 누명을 썼으니, 거울 같은 명감明鑑으로 곡직曲直을 분별하시어 억울하게 무고당한 것을 씻어주시옵소서."라고 간원하였다.[26] 그 뒤 누명을 벗고 복직되었다가, 이듬해 무인년(1218, 51세) 정월에는 좌사간左司諫으로 옮기고 나머지 겸직은 그대로 유지되었다.

기묘년(1219, 52세) 봄에는 탄핵을 당하여 면직되는 일이 일어났다. 전년 12월 외방의 수령들 가운데 팔관하표八關賀表를 올리지 않은 사람들이 있자 백운이 이를 문책하려 하였으나 상국 금의琴儀가 제지해서 문책하지 않았었는데, 최충헌이 그 사실을 알고 금 상국과 백운을 탄핵한 것이다. 그 후 금 상국은 용서하여 복직시키고 백운만 파직한 채 그대로 두었다가 4월에 외직인 계양도호부부사桂陽都護府副使 병마검할兵馬鈐轄로 좌천시켜, 5월에 계양桂陽(현 인천시 계양구 일원)에 부임하였다. 백운은 좌사간에서 파직된 후 몹시 낙망하여,

벼슬길 잃으니 홀연히 하늘에서 떨어진 것 같아,	失路忽從天上落
선계仙界(瀛洲館, 한림원)에서 놀던 일 꿈이었던 듯하네.	登瀛翻似夢中遊
위로하는 말 한 마디 천금보다 더 고마우나,	一言見訊千金重
세 번이나 쫓겨났으니 만사가 이제 끝난 듯하네.	三出忘懷萬事休

(《전집》 권14, 〈차운오습유몽림이시견언次韻吳拾遺夢林以詩見信 제2第二〉)

26) 《전집》 권27, 〈상진강공서上晋康公書〉

라고 읊어, 하늘에서 떨어져버린 듯, 선계에서 속계로 전락해버린 듯, 이제 만사가 끝장이 난 듯이 절망하였다.

이에 계양에 부임하기 위하여 조강祖江(임진강과 한강이 합수하는 곳)을 건너면서 감회를 읊기를,

저문 산 어두운 안개 어리고
물은 넘실거리는데 晩山烟暝水漫漫
여울 험하고 바람 미친 듯 불어
건너가기 어렵네. 灘險風狂得渡難
운명이 궁박하여
이제 귀양가게 되었지만 命薄如今遭謫去
그래도 국왕 향한 마음 떨치기 어려워
장안을 바라보네. 尙難拚却望長安

(《전집》 권14, 〈기묘사월일득계양수장도조강유작己卯四月日得桂陽守將渡祖江有作〉)

하여 험한 여울물과 미친 듯이 부는 바람이 마치 자신의 박명薄命함을 말해주는 듯하지만, 개경開京을 향한 마음은 떨쳐버리지 못하겠다고 하였다.

계양桂陽 태수로 지냈던 1년 3개월이 백운에게는 매우 고통스러운 기간이었다. 자신의 계양 생활을 묶여 있는 죄수나 조롱 속에 갇혀 있는 새에 비겨 자유롭게 활동할 수 있는 무대를 잃은

고통스러운 생활로 여겼고, 녹봉도 줄어들었으며, 세상 인정과 관계의 인심은 가을 구름처럼 얄팍해서, 시름에 겨운 생활로 수염은 눈빛처럼 새하얘지고 몸은 생선말린 포처럼 말랐다. 산촌의 남장嵐瘴(풍토병)으로 낯빛은 시골 농군처럼 검어져서 즐거운 일이란 아무 것도 없으니, 어느 때나 임기를 마치고 이 지긋지긋한 생활을 떨쳐버리고 개경으로 돌아갈 수 있을까 하고 탄식하며 세월을 보내었다. 후일 백운은 당시의 생활을 회고하며,

> 풍파風波 같은 비방誹謗에 걸려 쫓겨나서 풍토병이 만연한 고장을 맡게 되니, 정사政事에 서툴러서 마음이 괴로웠으며, 토지가 척박하여 백성의 곤궁을 어찌할 수가 없었습니다. 몸은 말라 가죽만 남았고, 귀밑머리는 온통 희어졌습니다. 용안龍顔을 뵈올 길이 막히니 이 한 몸 뛰기도 어려웠고, 대궐을 그리워하는 마음이 깊어서 부질없이 눈물을 수없이 흘렸습니다.
>
> (《전집》 권31, 〈사예부낭중기거주지제고표謝禮部郎中起居注知制誥表〉)

하였고, 소인들이 아부하며 이득을 얻고자 미태媚態를 다투는 세상이라 세월이 나를 버리고 지나가니 혹 하늘도 나를 버리는 것은 아닐까, 이 늙은 몸이 남녘의 거친 땅에서 죽게 되면 백골인들 누가 있어 거두어줄 것인가 하고 탄식하며 그 괴로움을 달랠 길이 없어 음주로 세월을 보낸 듯, '술잔이 마른 날은 살아 있어도 죽은 셈이었네.'[27]라고 읊조렸다.

계양 생활은 백운뿐만 아니라 가족에게도 고통을 준 듯하다.

깊은 산기슭 갈대 사이에 있는, 마치 달팽이의 깨어진 껍질만 한 다 쓰러져가는 집이 태수의 관사이다. 그 구조를 보면 휘어진 들보를 마룻대에 걸쳐놓고 억지로 집이라고 이름을 붙였을 뿐이다. 위로는 머리를 쳐들 수도 없고 아래로는 다리를 뻗을 수도 없으며, 더울 때에는 여기에서 거처하는 것이 마치 깊은 시루 속에 들어가서 찜질을 당하는 것 같아서, 처자와 종들이 이맛살을 찌푸리며 들어가 살려 하지 않았다.

(《전집》 권24, 〈계양자오당기桂陽自娛堂記〉)

라고 그 괴로움을 토로하였다. 이에 백운은 처자를 먼저 개경으로 보내면서, 가족에 대한 애틋한 정감을 드러낸 〈조강별祖江別〉을 지어서,

아내는 떠나는데 남편은 머무니 무슨 연유인가	婦去夫留是底由
어미가 날 탓하지 않지만 나는 죄수 같도다.	嬭無拘迫我如囚
배 타고 멀어지는 사람에게 내 마음 따라가고	舟將人遠心隨去
바다의 조수가 밀려오니 눈물도 함께 흐르네.	海送潮來淚共流
강 하나 가로막았을 뿐인데 물결이 넓고 넓어	只隔一江波浩浩
도리어 천리 길인 듯 멀고도 멀게 느껴지네.	却同千里路悠悠
지척에 있는 개경이지만 이 몸 이르기 어려워	鵠山咫尺身難到

27) 《전집》 권15, 〈병중시문학송군病中示文學宋君〉

말 위에서 조는 체하며
고개 돌리고 바라보지 못하네. 馬上佯眠怯轉頭

(《전집》 권15, 〈조강별祖江別〉)

하여, 가족을 개성으로 먼저 보내고 홀로 남게 된 절절한 외로움을 처절하게 읊기도 하였다.

또 한 번의 기회

이토록 절망에 빠져 있을 때에 집권자인 최충헌이 죽고 아들 최우가 국권을 장악하게 되었다. 최충헌은 백운의 능력을 인정하여 임용해주고 특별히 승진시켜주기도 하였지만, 백운의 성격이 방광하여 검속에 소홀하다는 인식이 남아있어서 작은 결점만 보여도 가차 없이 벌을 주었다. 정축년(1217)의 정직사건이나 기묘년(1219)의 탄핵사건이 이 때문에 일어난 것이었다. 그러한 최충헌이 죽고 백운에 대한 권우眷遇가 돈독했던 최우가 국권을 잡았다는 것은, 백운에게는 다시 복권할 수 있는 절호의 기회가 온 것이었다.

백운은 이에 재빨리 최우에게 〈상최상국병서上崔相國幷序〉를 올려, 지금까지의 각별한 보살핌에 감사의 뜻을 표하고, '합하께서 국사를 담당한 후 청렴하지 못한 관료들을 모조리 징계하셨다 하니, 깨끗하고 절개있는 사람을 택하려 하신다면 오직 절조를 지키며 공사公事에 복무하다가 죄도 없이 담당관서의 탄핵을 받아 지방으로 좌천된 저 같은 사람을 3년 임기가 차도록 놔두는 것은 옳지 않습니다. 하루가 3년 같은 힘든 시골살이를 하루 빨리 면하게 해주십시오.'라고 간절히 호소하였다.

이것이 주효하여 계양으로 좌천된 지 1년여 만인 경진년(1220, 53세) 6월에 시예부낭중試禮部郎中 기거주起居注 지제고知制誥(정5품)로 소명召命을 받고 품계까지 올라서 7월에 개경으로 돌아왔다. 백운의 연보에는 전년 9월에 최충헌이 죽고 그 아들이 대신 정권을 잡은 까닭에 이 소명이 있게 되었다고 하였으니, 이것이 저간의 사정을 드러낸 것이라고 본다.

경직京職에 임명되어 귀경하게 된 백운의 기쁨은 이루 헤아릴 수가 없어서, 지명지년知命之年에 이른 50대이면서도 어린아이처럼 환희작약하였다. 백운은 그 기쁨을 '취중의 광태를 누가 다시 꾸짖으랴. 종일 고함을 질러도 목도 쉬지 않네.〔醉中狂態誰復罵 終日叫呼喉不嗄〕'라고 표현하여, 마음껏 마시고 고래고래 소리를 질렀어도 목도 쉬지 않았다고 하였으며, 고을을 떠나면서는 길을 메우고 전별하는 촌민들을 보고,

잘 되어서 떠나는 길이니 따라오지 말라. 好去莫遠來
내 행차 내닫는 시냇물처럼 빠르네. 我行疾奔川
너의 고을이 진실로 나를 괴롭혀서, 爾邑誠困我
두 해가 마치 백년 같았다오. 二年如百年

(《전집》 권15, 〈발주유작시전객發州有作示餞客〉 中)

하여, 계양 태수 노릇 2년간이 마치 백 년처럼 지루하였음을 전송하는 사람들이 민망할 정도로 노골적으로 드러내었다. 그러나 관작에 얽매여서 일희일비하는 것이 자신이 생각해도 좀 무안했던 듯하다.

> 길이 계양의 변두리에 사방으로 나 있으나 한 면만 육지와 통하고 삼면은 모두 물이다. 처음 내가 이 고을 수령으로 좌천되어 올 때 창연하고 호연한 대해를 돌아보니, 섬 가운데로 들어온 듯 기분이 매우 언짢아져서, 머리를 숙이고 눈을 감고 보려 하지 않았다. 2년 후 6월에 문하성 낭관에 재배되어 개경으로 갈 날짜가 정해지니, 전일에 보던 창연 호연한 대해가 다 좋게만 보였다.……아! 저 물은 전일에 보던 물이요 마음도 전일의 마음인데, 전일에 보기 싫던 것을 지금은 도리어 즐거운 구경거리로 삼으니, 그 이유가 별것도 아닌 벼슬을 얻은 때문일까? 마음은 나의 마음이거늘, 자제를 못하고 때에 따라 바뀜이 이와 같으니, 사생을 동일하게 여기고 득실을 동등하게 생각하기를 바랄 수 있겠는가? 이는 후일에 경계할 만한 일이기에 적어둔다. (《전집》 권24, 〈계양망해기桂陽望海記〉)

하여, 깊은 철리와 굳은 의지를 간직하지 못하여, 외물의 변화에 따라 마음이 변하는 자신에 대하여 반성하기도 하였다.

중인의 축하를 받으며 다시 서액西掖(중서문하성)으로 돌아온 백운은 이 기쁨을,

남녘 고을로 좌천되어 한탄하다가	南州左宦稍堪嗟
서액西掖으로 다시 돌아오게 되니 자랑스럽네.	西掖重來尙可誇
사람마다 잘된 일이라고 말하며	好事人人皆說道
중서문하성이 그대의 집이 되었다 하네.	中書門下是君家

(《전집》 권15, 〈입경유작入京有作〉)

기거주起居注는 맑은 벼슬인데	
예부낭중禮部郎中까지 겸했으니	右史官淸帶禮曹
강군에서의 2년간의 노고가 보상되고도 남네.	足賞江郡二年勞
대궐 연못 물결은 옛 모습 그대로여서	禁池瀲灩猶依舊
늙은 봉황 다시 와서 깃털을 씻네.	老鳳重來浴羽毛
계양의 귀양살이에 거의 죽을 것 같았다가	桂陽謫去方瀕死
중서성에 다시 돌아오니 되살아난 듯하네.	藥省重廻似更生
상 앞에 하사주 놓여 있으니	員案前陳官醞釅
백 리 고을 다스리는 수령보다 낫도다.	猶勝百里强專城

(《전집》 권16, 〈경진팔월여자계양이기거주예부낭중피소입직서성유작庚辰八月予自桂陽以起居注禮部郎中被召入直西省有作〉)

라고 읊으며 즐거워하였다.

승진을 거듭하다

그 후 약 10년간의 벼슬살이는 순탄하게 승진을 거듭하였다.

계양에서 귀경한 해 12월에는 시태복소경試太僕小卿(종4품)으로 승진하고 기거주起居注는 그대로 겸하였으며, 신사년(1221, 54세)에는 보문각대제普門閣待制 기거주가 되었고, 임오년(1222, 55세)에는 태복소경太僕小卿에 즉진卽眞되었으며, 계미년(1223, 56세)에는 조산대부朝散大夫 시장작감試將作監(정4품)으로 승진하고 보문각대제는 그대로 겸하였다. 갑신년(1224, 57세) 6월에는 장작감將作監에 즉진되었고, 12월에는 다음해에 실시할 사마시司馬試의 좌주座主가 되었으며, 또한 조의대부朝議大夫 시국자좨주試國子祭主(종3품) 한림시강학사翰林侍講學士에 지제고知制誥를 겸하였다.

을유년(1225, 58세) 2월에는 사마시의 시관이 되어 시부詩賦에 이유신李惟信 등 16인, 음시音詩에 50인, 명경明經에 3인을 합격시켰고, 12월에는 좌간의대부左諫議大夫에 임명되었고 다른 직함은 그대로 겸하였으며, 이해에 〈왕륜사장육영험기王輪寺丈六靈驗記〉를 짓고 칙명을 받들어 〈태창니고상량문太倉泥庫上樑文〉을 지었다.

병술년(1226, 59세)에 좨주祭主에 즉진卽眞되었고, 무자년(1228, 61세) 정월에 중산대부中散大夫 판위위사判衛尉事(정3품)로 승진되었으며 다른 직함은 그대로 겸임하였다. 동년 5월에는 춘장春場의 동지공거同知貢擧가 되어 진사에 31인, 명경明經에 4인을 합격시켰다.

위도로의 유배와 이뤄진 시참詩讖

팔관회 행사는 백운과 마魔가 끼어있었던 듯하다. 경인년(1230,

63세)에 왕을 모시고 팔관회의 잔치를 열 때에 규례에 어긋난 일이 있었는데, 이것은 추밀樞密 차공車公이 시킨 것이었다. 이에 지어사대사 왕유王猷가 규례를 따르지 않는다고 담당자를 몹시 꾸짖었는데, 차공車公은 왕유가 재상을 꾸짖었다고 오해하여 국왕에게 보고하였다. 그때 마침 백운과 좌승상 송순宋恂도 그 자리에 있었으므로 그들이 왕유에게 그 일을 부추겼을 것이라는 의심을 받아 모두 먼 섬으로 유배를 당하였다. 이에 백운은 위도蝟島로 유배를 당하여 12월에 보안현(현 보령保寧)에 이르러서 순풍을 기다리며 머물러 있다가 26일에 위도로 출발하였다.

백운이 문한을 담당하고 해마다 품계가 오를 때에는 미처 자신을 돌이켜볼 겨를이 없었다가, 먼 섬으로 유배를 당하면서 인생의 허무함을 느낀 듯, '이미 승패가 모두 꿈인 줄을 알았으니 이제부터는 절대로 진퇴에 대하여 마음 쓰지 않으리라.'고 하면서 대범해지려고 노력하였다.

은대銀臺의 신선으로 있다가 하늘 끝에 있는 섬으로 유락流落한 자신을 가의賈誼와 굴원屈原에 비유하면서, '옛 현인들도 다 그러했으니 이것을 천명으로 알아야 하고 인력으로는 어찌할 수가 없는 것'이라고 자위하면서도, 유배생활의 괴로움을 떨쳐버릴 수가 없어서, 여위고 병든 체질로 장독瘴毒(풍토병)을 견뎌낼 수 있을까 두려워하며, '물가에서 서성이며 읊조리는 초췌한 몸으로 용의 여울, 상어의 집과 이웃하게 되었네.〔憔悴行吟澤畔身 龍灘鮫室是吾隣〕'[28] 라고 쓸쓸해하였다.

가의賈誼

굴원屈原

위도로 들어가던 12월 26일 보안현의 명사들이 조도연祖道宴을 베풀어주어 만취한 상태로 배에 올라 잠이 들었는데 잠결에 뱃사공이 "배가 뒤집힌다!"라고 크게 외치는 소리가 들렸다. 이에 백운이 술을 따라 놓고 하늘에 빌며 크게 통곡하니, 얼마 후 물결이 잔잔해지고 바람이 순조로워져서 무사히 갑군대甲君臺에 이를 수 있었다. 이를 본 사공들이 "이 노인은 하늘이 보호해주는 사람이니 함부로 대할 수가 없다." 하였다 한다. 그날은 갑군대에서 유숙하고 다음날 위도에 이르렀는데, 당시의 처참한 심정을,

---

28) 앞 구는 굴원의 〈어부사漁父詞〉에 나오는 말로, 굴원 자신을 지칭한 것인데, 이곳에서는 당시의 굴원과 같은 신세가 된 이규보가 이 말을 빌어서 자신의 신세를 나타낸 것이다.

내 눈엔 평생토록 눈물이 적었는데 我眼平生少涕滂
이번 길엔 어인 일로 곡성이 긴가. 此行何事哭聲長
푸른 바다 한 가운데로 들어가니 只緣蒼海中央去
사람 사는 집 어디 있는가 보이지 않네. 不見人家在那方

(《전집》 권17, 〈주행舟行(제일第一)〉)

라고 읊어서, 망망대해 한 가운데를 지나면서 쏟아지는 눈물을 주체하지 못하는 자신의 모습을 그렸다. '이럴 줄 알았으면 선비로 출세할 생각을 말고 차라리 중이나 될 것을.' 하면서 인생행로를 잘못 택했다고 후회하기도 하면서, '선비 되기도 틀렸고 중 되기도 늦었으니, 모르겠도다, 끝내 어떤 사람이 될 것인지.'[29] '오랫동안 울어서 목이 쉬었고, 자주 굶주리니 얼굴 야위었네.'[30] 라고 읊은 위도에서의 유배생활은 눈물과 탄식의 나날이었다.

위도에 유배된 후 곧 고향인 황려현으로 양이量移되어 20여 일 만인 신묘년(1231, 64세) 정월 15일에 위도를 출발하여 22일에는 죽주竹州 만선사萬善寺에 이르러 유숙하였다. 백운이 신유년(1201, 34세)에 당시 죽주 감무監務인 자서姊婿의 임소에 머물고 있던 모친을 모시러 가서 만선사에서 노닐면서 제공諸公의 판상운板上韻에 화운한 시를 지으면서 그 낙구에, '푸른 산 경치가 좋으니, 벼슬 쉬게 되면 다시 찾아오리라.〔好在青山色 休官欲重尋〕'[31] 라고 읊

29) 《전집》 권17, 〈입도작入島作〉
30) 《전집》 권17, 〈십일일우음十一日又吟〉

었었는데, 면직된 이때에 공교롭게도 다시 찾아왔으니 이것이 바로 시로 미래를 예언한 시참詩讖이라고 하여, '내 시에 전에 써놓은 예언이 있어, 벼슬에서 물러난 후 다시 찾아왔네.〔我詩先有讖 落職果重尋〕'32) 라고 읊었다.

국난이 닥치다

같은 해 7월 유배가 풀려서 황려로부터 개경으로 돌아왔는데, 8월에 몽고의 살리타이〔撒禮塔〕가 고려를 침입하였다. 그리하여 9월에 호병胡兵(몽고병)에 대비하고자 백의종군하여 보정문을 지키게 되었다.

백의종군하고자 돌아와 문지기 되어	白衣來作守門人
장성에서 주야로 순라 도는 일도 꺼리지 않네.	不憚長城晝夜巡
그래도 장기瘴氣 가득한 남녘 땅에서	猶勝炎州嵐瘴地
해촌민海村民에게 멸시당하는 것보다는 낫다오.	折腰甘向海村民

(《전집》 권17, 〈시년구월 인비어호병이백의수보정문是年九月 因備禦胡兵以白衣守保定門〉)

---

31) 《전집》 권10, 〈유죽주만선사차판상제학사시운遊竹州萬善寺次板上諸學士詩韻(제2수)〉

32) 《전집》 권17, 〈십오일몽은량이상재황려현이십일일행차죽주우숙만선사차판상제공운十五日蒙恩量移桑梓黃驪縣二十一日行次竹州寓宿萬善寺次板上諸公韻〉

라고 한 바와 같이 비록 복관復官은 되지 않았지만, 산관散官으로나마 개경으로 돌아올 수 있었던 것이 백운에게는 큰 기쁨이었던 듯하다.

이때 고려는 몽고의 침입에 대하여 화전 양면정책을 쓸 때였고, 백운이 산관으로 있으면서도 달단達旦(몽고)에 보내는 서표와 문첩을 도맡아 지었으며, 왕사王師가 사망하자 왕명에 의하여 그의 비명碑銘을 지은 것 등으로 보아, 당시의 여러 국정 상황이 그의 문재를 필요로 하고 있었음을 알 수 있다. 이에 임진년(1232, 65세) 4월에 옛 벼슬이 회복되어 정의대부 판비서성사 보문각학사 경성부우첨사 지제고에 제수되었다.

이때 전년에 침입하였던 달단병達旦兵이 고려와 강화하고 비록 철수하기는 하였으나, 다루가치〔達魯花赤〕(군정관) 72인을 북방 여러 고을에 배치하고 내정에 간섭하면서 과중한 조공을 강요하니, 집권자 최우는 강화로 천도하여 항쟁할 것을 결심하고, 6월에 천도를 결행하였다. 최우의 이러한 과단성 있는 천도 결행이 백운에게 큰 감명을 준 듯,

> 천도란 예부터 하늘 오르기만큼 어려운 것인데 遷都自古上天難
> 하루아침에 옮겨오기를 공 굴리듯 하였네. 一旦移來似轉丸
> 청하淸河의 계획 그렇게 서두르지 않았더라면 不是淸河謀大早
> 삼한三韓은 이미 오랑캐의 땅으로 변했으리라. 三韓曾已化胡蠻
>
> (《전집》 권18, 〈망해인추경천도望海因追慶遷都〉 中)

라고 읊어, 강화로의 천도가 우리 민족이 오랑캐로 바뀌는 것을 막아준 쾌거라고 찬양하였다.

백운의 강도江都 생활은 어려움이 많았던 듯하다. 다른 벼슬아치들은 새로 수도가 된 강도에 들어오자 다투어 밭을 구하여 경작하였으나, 백운만은 이를 따르지 않았다. 남들은 모두 새로 집을 지었으나 그만은 짓지 않고, 하음객사河陰客舍의 서랑西廊을 빌려 우거하다가, 얼마 후 백운도 사돈 이백순李百順에게 집터를 얻어 새장만 한 오두막집을 짓고 살았다. 천도 직후의 혼란기에는 월봉도 제때에 나오지 않아서 가솔을 보살피는 데는 무능력자인 백운은 동료 제공諸公들보다 특별히 빈궁하게 지내었던 듯하다.

삼품의 벼슬아치 여럿이지만 官爲三品許多人
가난하고 궁한 이는 이 몸뿐이네. 世上寒窮獨此身
굶주린 종 찡그리고 집을 짓지 않고 餓僕長顰慵作屋
파리한 말 홀연 죽어 땔감도 떨어졌네. 羸蹄忽斃絶供薪
집에서 술 빚지 않아 병에는 술이 떨어졌고 一家罷釀甁無酒
며칠 동안 불을 못 때어 솥에 먼지가 끼었네. 數日停炊甑有塵

(《전집》 권18, 〈상최상국上崔相國〉 중 둘째 수)

한 그릇 물마시며 가난을 참아가니 瓢飮自寬聊勉耳
이제 가짜 안연顔淵이 다시 나타난 듯하네. 從今始有僞顔淵

(《후집》 권1, 〈우하음객사서랑유작寓河陰客舍西廊有作〉[33] 中)

라고 읊었다. 이를 딱하게 여긴 집권자 최우가 자신의 월봉을 백운에게 나누어주었고, 이에 감격하여 시를 지어 올리기도 하였다. 이러한 청렴한 생활은 백운의 인품의 일단이 드러난 것이기도 하지만, 적소謫所에서 귀환한 지 얼마 되지 않았을 때였고, 국가가 누란의 위기에 처했던 시기였으므로, 스스로 근신하고자 한 것도 이유의 하나였을 것이다.

아들이 한림에 임명되다

동년 9월에는 유수중군지병마사라는 군직을 겸하게 되었고, 계사년(1233, 66세)에는 은청광록대부 추밀원부사 좌산기상시 한림학사 승지에 제수되었는데, 아들 이함李涵이 직한림원이 되었으므로 친협親嫌을 피하기 위하여 한림학사에서 보문각학사로 옮겼다. 이때 33세인 이함이 한림에 임명되자 너무도 기뻐서,

내가 40이 넘어 한림원에 들어가	我踰强仕入花甎
이제 아상亞相인 추밀원부사가 되었는데	今到黃樞亞相聯
헤아려보니 너는 나보다 7년이 빠르니	計爾得除先七歲
장차 긴 날개로 붕새처럼 하늘 높이 날아라.	好將長翮上鵬天

(《후집》 권1, 〈계사유월일희아자함배한림癸巳六月日喜兒子涵拜翰林〉)

---

33) 주註에, '천도한 이후 나 홀로 새로운 수도에서 집을 짓지 않고 집안 모두가 하음객관의 서쪽 행랑을 빌려 몇 개월 지내다 떠났다.'라 하고, 또 '당시 받은 녹이 충분치 않아 여러 번 어려움에 처했다.'라 하였다.

라고 읊었다.

12월에는 금자광록대부 지문하성사(종2품) 호부상서 집현전대학사 판예부사에 제수되어 2품관에 올랐다. 이에 승진한 기쁨을 동년同年으로 먼저 내성內省 상국이 되었던 김인경金仁鏡에게 아래와 같이 드러내었다.

겨우 중추원 들어가 앉은 자리
따스해지기 전에 才入中樞席未溫
곧장 서성西省에 올라 형세 더욱 높아졌다오. 旋登西省勢彌尊
그대는 먼저 올랐다고 자랑하지 말라 憑君莫詫先飛到
짧은 날개로나마 좇아가는 길도 없지 않으니. 短翮追來路亦存
(《전집》 권18, 〈갑오정월일야직내성유작명일정김상국인경甲午正月日夜直內省有作明日呈金相國仁鏡〉 中)

라고 농담을 하며 짧은 날개로나마 이제 비로소 그대를 따라잡았다고 하면서, 벼슬길도 연분緣分이 있어 늦게야 영화를 누리게 되었지만, 앞으로 오래도록 뜻을 얻고 나아가는 길도 평탄할 것이라고 자축하였다.

쉬려해도 국왕께서 허락지 않네

갑오년(1234, 67세) 5월의 춘장春場에는 지공거가 되어 과시를 주재하고 제술 31인, 명경 2인을 발탁하였으며, 12월에는 정당문학 감수국사에 제수되어 칙명을 받들어 〈송광사주진각국사비명松光寺主眞覺國師碑銘〉을 지었다. 을미년(1235, 68세) 정월에 태자소부가 되었고, 12월에는 참지정사 수문전대학사 판호부사 태자태보가 되었으며, 병신년(1236, 69세) 5월에 다시 춘장의 지공거가 되어 진사 29인, 명경 3인을 합격시켰고, 12월에 표를 올려 퇴임을 청하자(당시에는 70세에 이르면 퇴임하는 것이 관례였음) 상께서 그 걸사표를 궐내에 보류해두고, 내시 김영초金永貂를 보내어 간곡히 만류하면서 계속 집무하도록 명하였지만, 병이 위독하다는 이유로 나가지 않았다.

진양후 최우도 호적의 나이를 줄여놓았으니 계속 집무하라고 강권하였으므로, 할 수 없이 다시 나아가 일을 보기는 하였지만 마음이 편하지 않았다. 스스로 원해서 한 것은 아니지만, 호적의 나이까지 줄여놓고 계속 벼슬자리에 머물러 있는 것이 마음에 걸렸으며, 동년들이 모두 사망하여 귀부鬼簿에 올랐는데 홀로 남아있게 된 데다가, 몸도 쇠약해져서 오랫동안 병석에 누워있었고 귀마저 어두워지니, 인생의 무상함을 더욱 절실히 느끼게 되었다.

원래 일찍부터 물러날 마음을 품고　本懷夙退心
금의야행의 비방을 면하려 하였는데　庶免夜行誚
어찌하여 사퇴하지 못하고　胡爲未得辭
흰머리로 일에 분주한가.　白首事紛擾
진퇴는 하늘에 달려 있어서　出處皆天爲

인사는 예측하기 어렵도다. 人事亂預料
조정에 어진 사람 많은데 朝廷不乏賢
어찌 이 늙은이를 계속 쓰려 하는가. 安用此潦倒
허리 구부리고 공문公門에 들어가니 傴僂入公門
도리어 백공白公의 웃음거리[34] 되었네. 反落白公笑
얼굴 있어도 감히 들지 못함은 有面不敢擡
부끄러움 너무 많아서일세. 慙愧已不少
어느 때나 한가한 몸 되어 安得作閑身
갈건 쓰고 마음대로 읊조리며 葛巾放長嘯
떠들썩한 시비를 벗어나 喧喧是非外
꿈을 깬 듯 상쾌하게 살아볼까. 灑然如夢覺

(《전집》 권18, 〈내전호종후유감內殿扈從後有感〉)

석 달이 지나도록 앓아누워 있으면서 一嬰沉瘵度三秋
부질없이 후한 국록만 허비하네. 臥廢公家俸祿優
물러가 쉬려해도 군왕께서 허락을 않으시니 乞退欲休君不頷

34) 《한서漢書》 36 〈초원왕楚元王〉전에, 초 원왕이 백생白生·목생穆生·신공申公 등을 대부로 삼았다. 목생이 술을 좋아하지 않아서 술자리가 있으면 따로 단술을 마련하곤 했다. 원왕의 손자가 즉위한 후에는 단술을 마련하지 않자 목생이 "이처럼 대접이 박해지니 떠나야겠다." 하고 병을 핑계로 나오지 않았다. 그러자 신공과 백공이 억지로 나오게 하면서 "선왕의 은덕을 생각해서라도 그러면 안 된다." 하였다. 이 시에 인용한 백생은 백공을 가리킨 것이다.

하늘이 나를 이대로 죽게 하려는가. 天將使我大休休

(《전집》 권18, 〈구병久病〉)

라고 당시의 심경을 토로하였다. 그러나 가족의 생계를 생각하며 관직에 대한 미련에서 완전히 벗어나지는 못하였던 듯하다.

친척이나 친지들 親戚與故舊
자식이나 종들까지 僮僕及兒息
늙은 나만을 의지하고 所仰唯老夫
취하고 배부르게 지내면서도 모르고 있네. 醉飽不自識
이 모두가 왕께서 내리신 봉록 덕택으로 是皆天祿餘
온 가족이 은덕에 젖어 있었네. 衆口房霑液

⋮

만약 내가 죽는 날에는 迨我一就木
이 가족들 모두 어떻게 되려는지. 此屬皆安適

(《후집》 권1, 〈만성漫成(정유팔월丁酉八月)〉 中)

라고 읊으면서, 치사후致仕後의 생활에 대하여 불안해하기도 하였다.

정유년(1237, 70세) 7월에는 칙명을 받들어 〈동궁비주시애책문東宮妃主諡哀冊文〉과 〈대장경각판군신기고문大藏經刻板君臣祈告文〉을 지었으며, 8월 말부터 온 몸에 붉은 소름이 낀 듯 옴이 오른 듯

가렵고 열이 나고 긁으면 진물이 나서 견딜 수가 없었다. 그러나 단독丹毒이나 옴도 아니고 병명을 알 수도 없어서 의원들도 손을 쓸 수가 없었으며, 이에 백일의 병가를 얻은 끝에 다시 표를 올려 간절하게 퇴직을 빌어서 드디어 윤허를 받아, 동년 12월에 금자광록대부 수태보 문하시랑평장사 수문전대학사 감수국사 판례부사 한림원사 태자태보로 치사하였다.

그 후 백약이 무효하던 그의 병은 발병 130여 일 만인 무술년(1238, 공 71세) 정초에 바닷물을 길어다가 몇 차례 씻은 후 깨끗이 나았다.

백운은 파란이 많았던 사환활동仕宦生活을 이로써 마치게 되었다. 공무를 보는 와중에도 끊임없이 시를 지어 생활과 심경을 기록해 놓아, 후인들이 생애의 매 단면을 규지窺知할 수 있게 하였으며, 그동안 백운이 맡은 직책은 문한文翰의 임무가 주主가 되어, 외국과의 교빙交聘을 위한 글이나 징고문徵告文 대부분을 그가 지어서, 문장으로 국격을 빛나게 하는 이문화국以文華國을 실현하였다.

4. 시인으로 살다 서거하다 [치사기致仕期 71～74세]

백운은 40세에 직한림원으로 문한의 직임을 담당한 후 70세에 치사하기까지 30년간 조정과 동료 및 친지들을 위하여 각종의 서書·장狀·표表·교서敎書·비답批答·조서詔書·마제麻制·관고官誥·묘지墓誌·뇌서誄書·애사哀詞·제문祭文 등을 짓고, 그 외의 시간은 시와 술을 즐기며 한가하고 고요함을 노래하며 노닐면서, 공을 세우고 이름을 떨쳤다. 본고에서는 백운이 물러나서 마음이 스스로 평안한 경지에 이르러, 지난날을 되돌아보고 조용히 인생을 관조하며 지내다가 죽음을 맞이하기까지의 기간을 치사기致仕期로 잡았다. 71세부터 서거한 해인 74세까지가 이에 해당된다.

유학과 불법은 다르지 않다

백운은 노퇴老退하기 이전에 이미 치사 후의 생활목표를 정해 놓았다.

나는 벼슬에서 물러나	我欲乞殘身
허리에 찬 인수를 풀고자 하네.	得解腰間綬
한가히 집으로 돌아가	退閑一室中
무엇으로 나날을 보낼까.	日用宜何取
때로는 가야금을 희롱하고	時弄伽倻琴

연달아 두강주杜康酒를 마시리라. 連斟杜康酒
무엇으로 때 묻은 흉금을 씻어낼까 何以祛塵襟
백락천白樂天의 시를 펴보리라. 樂天詩在手
무엇으로 정업淨業을 닦을까 何以修淨業
《능엄경》을 외우리라. 楞嚴經在口
이러한 즐거움 이루어진다면 此樂若果成
임금이 되는 것에 뒤지지 않으리라. 不落南面後
늙은이 몇 사람 남아 있으니 耆舊餘幾人
맞이해 노경의 벗으로 삼으리라. 邀爲老境友

(《후집》 권1, 〈유걸퇴심유작有乞退心有作〉)

하여, 노퇴老退 후에는 가야금을 타고 두강주杜康酒[35]를 마시며 백락천白樂天의 한적시閑適詩를 읊고 《능엄경》을 암송하고, 한가히 벗들과 담소하면서 지낼 것이니, 만일 이 뜻이 이루어진다면 이것이 곧 신선의 생활이라 임금 자리도 부러울 것이 없다고 하였다.

이 시기 백운은 노장老莊과 불도佛道에 더욱 침잠한 듯하다. 이때에 자호自號를 남헌거사南軒居士, 또는 남헌장로南軒長老라 하였으니, 이는 장자莊子의 호 남화진인을 효방效倣한 것으로, 이제 유가적 관료생활에서 벗어났으니, 세속적 욕망에서 벗어나 선계仙界

35) 두강은 술을 잘 만들었던 사람이므로, 이에 맛있는 술을 두강주라 하였다.

에서 노닐겠다는 뜻을 드러낸 것이다.

남헌거사의 살림살이 어떠한가	南軒居士計如何
가진 것 많으나 자랑할 만한 것은	所蓄雖多擧最奢
술 한 병 시 한 상자에	淡酒一壺詩一篚
《충허경冲虛經》과 《능가경楞伽經》뿐일세.	冲虛經卷與楞伽
대머리 늙은이 한가하게 가부좌하고 있으니	頭禿身閑坐作趺
중과 다른 것은 수염뿐이네.	不同僧處獨髭鬚
남헌장로 무슨 업을 닦고 있는가	南軒長老修何業
책상에 있는 《능가경》 이해나 하는가.	案有楞伽得解無

(《후집》 권2, 〈남헌희작이수병서南軒戲作二首幷序〉)

하여, 《충허경冲虛經》(《열자列子》의 별칭)과 《능가경》(대승불교 경전의 하나)을 읽으며 신선처럼 승려처럼 지내면서, 외물에 구애받지 않는 자유로운 생활을 하였으니, 이는 평생토록 선망하면서도, 달팽이 더듬이의 끝처럼 좁고 하찮은 영역을 다투듯이

장자莊子

와각명蝸角名 같은 이욕을 좇느라 실현하지 못하다가, 노퇴한 후에야 비로소 그 뜻을 이룰 수 있게 된 것이다.

남헌장로 해 높이 뜨도록 자다가　　南軒長老日高眠
이불 둘러쓰고 해진 방석에 앉았네.　　起擁孤衾坐壞氈
생선 회쳐서 안주를 삼아　　膾切紅鱗方喫得
반 병 술 기울이자 이내 취해 쓰러졌네.　　半傾瓶醞已頹然

(《후집》 권2, 〈남헌우음南軒偶吟〉)

옛날 승상 때는 내각 열기 싫어했고　　昔爲丞相慵開閣
물러나 한인閑人 되자 문 닫고 지내네.　　退作閑人又杜門
벼슬할 땐 어진 사람 영입 못하고
물러나선 손님 거절하는　　公不迎賢私屛客
고졸孤拙함을 도야하는 남헌장로로다.　　釀成孤拙是南軒

(《후집》 권2, 〈남헌병객南軒屛客〉)

라고 읊어, 모처럼 얻게 된 한적한 경지를 마음껏 즐겼다.

은퇴의 기쁨을 노래하다

정유년(1237, 공 70세) 12월 28일 〈걸퇴표乞退表〉를 받아들여 국왕의 윤허가 내리자 백운은 그 기쁨을,

오랜 휴가 끝에 굳이 병을 핑계대니 賴因長假牢稱病
드디어 넉넉한 은혜입어 허락을 받았네. 果荷優恩許得便
이제부턴 천방객天放客이라 자칭하고 從此自稱天放客
그대와 함께 지행선地行仙이 되리라. 與君同作地行仙
두 집에 술 있으면 서로 자주 불러서 兩家有酒頻相喚
이승에서의 남은 기간 보내봅시다. 斷送人間未盡年
영욕을 두루 맛보고 몸 물러나오니 備嘗榮辱得身抽
괴안몽槐安夢을 꾸다가 깨어난 듯하네. 驚破槐安夢裡遊
악어와 상어 날뛰는 곳으로 귀양도 갔었고 鰐渚鮫洲曾竄謫
난대鸞臺와 봉각鳳閣에서 노닐기도 했었네. 鸞臺鳳閣亦優遊
온 세상 떠돌던 중이 한가히 앉아있는 듯 周行世界閑僧坐
뭇 남성을 겪은 늙은 기생이 쉬고 있는 듯. 遍閱夫郎老妓休
벼슬 물러나 생각하니 모두 지나간 옛일일 뿐 官罷偶思陳迹耳
한 가지 일도 마음에 걸리는 것 없네. 漸無一事到心頭

(《후집》 권2, 〈정유십이월이십팔일걸퇴표몽윤가시야희부득매인성장구이수봉기이학사백전丁酉十二月二十八日乞退表蒙允可是夜喜不得寐 因成長句二首奉寄李學士百全〉)

책임은 무겁고 몸은 약해 쓰러질까 두려웠는데 擔重身孱恐易顚
사퇴의 소청 들어주시니 마음 기쁘네. 拜章得謝始欣然
늙은이의 품계까지 높여주시는
성은을 입었으니 聖恩優老猶增秩

사퇴해도 어깨 가벼워졌다고 말하기 어렵네. 雖退難言大弛肩
재신宰臣의 반열이 모두 존귀하지만 宰臣班品皆雖貴
문하평장이 가장 높다고 말하네. 門下平章號最尊
나같이 한미한 자가 그 직위 얻었으니 如我孤寒今得忝
그 후광 먼 후손까지 빛나게 하기에 충분하네. 餘光猶足耀千孫
(《후집》 권2, 〈십이월이십구일반정이문하평장치사유작삼수十二月二十九日頒政以門下平章致仕有作三首(기일其一. 이二)〉)

라 하여, 상국의 지위까지 올랐다가 치사하였으니 스스로도 영광이요, 그 후광은 먼 후손에까지 대대로 미칠 것이니 관작에도 여한이 없고, 이제부터는 하늘에서 휴가 나온 신선, 즉 적선謫仙이라 자칭하고 지행선地行仙 노릇을 하면서, 마음에 거리끼는 것이 없이 술이나 마시면서 여생을 보내리라고 하였다.

또한 온갖 영욕을 두루 맛보고 벼슬자리에서 물러나니, 지난 일들이 남가일몽南柯一夢인 듯이 느껴지고, 벼슬살이에 연연해서 뭇 사람들에게 아첨했던 일들이 뭇 남성을 거친 늙은 기생의 일생처럼 생각되기도 하였으며, 이런 모든 일들을 옛일로 돌려버리니, 이제는 아무것도 마음에 거리낄 것이 없어 마음이 가벼워졌다고 하였다.

치사한 후에도 재관시 녹봉의 반이 계속 지급되어서, 풍족하지는 않지만 생계는 꾸려나갈 수 있었던 듯하다.

반봉半俸으로도 나 자신은 넉넉하니　　半俸自有餘
뱁새 먹이만 한 곡식 몇 알로도 나는 족하네.　　鷦鷯數粒足

⋮

구차한 남은 목숨 살아있는 한　　餘年苟或存
해마다 이 녹祿은 이어지리니　　年年儻相續
모든 일을 수입에 맞춘다면　　凡事稱有無
생계 걱정은 않아도 되리.　　愼勿憂口腹
다만 한 가지 걱정이 있다면　　唯有一段愁
항아리에 녹주綠酒가 끊기지나 않을까.　　未繼樽中綠

(《후집》 권2, 〈정월칠일수록正月七日受祿〉 中)

라고 하여, 술은 비록 떨어지는 경우가 있을지 몰라도 생계에는 걱정이 없었음을 보여준다. 그러나 벼슬을 하는 동안 치산治產에는 무관심한 청백한 생활을 하다가 퇴관하였으므로, 모아둔 재산이 있을 수 없어 곤궁하게 지내었다.

이 땅에 재상 지낸 사람 몇이나 되나　　三韓宰相幾多人
나 또한 일찍이 재상을 지낸 몸.　　我亦曾叨宰相身
나만이 깨끗하고 남은 안 그런 것 아니련만　　不是自淸他不爾
어째서 가난 걱정 홀로 면하지 못하는고.　　如何獨未免憂貧

(《후집》 권3, 〈근유누공지탄인부지近有屢空之歎因賦之〉)

그대는 이 땅의 재상이었던 몸으로서　　渠是三韓宰相官
지난날 한 일도 없이 무슨 낯으로
녹만 축내었는가.　　從前尸祿尙何顔
공직에서 나라 빛내지 못했으니
사적私的으로 가난함 마땅하니　　公難潤國私宜涸
도에 입각하여 살펴본다면
제대로 업보가 돌아온 것이네.　　以道觀之是好還

(《후집》 권3, 〈대인답代人答〉)

라고 읊기도 하였다.

은퇴 뒤의 한정한 생활

무술년(1238, 공 71세) 정월 29일에는 막내아들 제濟도 장가를 들어서 자식들의 혼사가 모두 끝나니, 가장으로서의 할 일도 모두 마친 듯하여, 세사에 아무런 미련도 없는 한정閑靜한 생활을 할 수 있었다. 백운은 이때의 심경을,

잠을 즐겨 선달 그믐밤도 모르는 채 보내고　　嗜睡輕抛守歲宵
해 높도록 누워서 길게 읊조리네.　　日高猶臥放長謠

(《후집》 권2, 〈무술원일戊戌元日〉 中)

마음은 바로 비어있는 경지에 부합하고　　觀心正契空空了

도를 맛보니 진실로 원융圓融하여
만물이 고르게 보이네. 味道眞融物物齊
벼슬 할 때 쓰던 작변爵弁 장 속에 넣어두고 冠弁斂還藏篋櫃
오이 밭 북돋우며 밭이랑 손질하네. 蓏苽培欲理田畦

⋮

벼슬 물러났으니 마음껏 취해보고, 官退始宜謀醉倒
술병 들고 꽃구경할 날이나 기약하세. 看花好約一壺提

(《후집》 권2, 〈기이시랑병서寄李侍郎幷序〉 中)

모았다 흩었다 쌓인 책이나 정리하고 齊復亂齊堆帙理
이겼다 졌다 하는 바둑이나 구경하네. 勝還饒勝鬪碁觀

⋮

한유·유우석·유종원의 좋은 시를 읽고 觀耽雅什韓劉柳
송·진·제宋晋齊 시대의 아담한 글씨 완상하네. 閱遍閑書宋晋齊
취하여 갓이 떨어진 것도 잊어
침석에 던져버리고 冠落醉忘投寢席
지팡이에 의지해 채마밭 살피네. 杖揞行倦檢園畦

(《후집》 권2, 〈차운이공수임공성간양학사견화전시次韻李公需林公成幹兩學士見和前詩……〉 中)

허리에 찼던 관인 풀고
머리의 잠簪 뽑아버리고 腰章自解首簪抽

처지에 맞춰 자유로이 노니노라. 觸境無非自在遊
(《후집》 권2, 〈차운이학사백전견화전편次韻李學士百全見和前篇〉 中)

내 좋은 대로 해도 도에 맞지 않는 것 없고 從吾所好無非道
뜻에 맞는 대로 노닐면
이것이 바로 신선일세. 得意而遊卽是仙
뜬구름 같은 일생 얼마나 살 수 있으랴 百歲浮生能幾許
각기 여생 영위하며 천명을 다 누리세. 各鞭其後盡千年
하는 일은 나날이 술 마시는 것 指口唯期日飮連
마음 비워 일찍이 세속의 정을 끊었네. 虛襟早斷俗情牽
종신토록 도를 배워 무슨 공을 세웠던가 終身學道功何得
언제나 법도 지켜 계책마다 온당했네. 緣督爲經計獨便
집안일 잊은 지 오래되어 마음 이미 부처이고 久矣忘家心已佛
우연히 속세에 떨어졌으나
뼈는 오히려 신선일세. 偶然落世骨猶仙
마음속에 구김살 없음을 그대가 안다면 中存不皺君如會
흐르는 세월에 얼굴 변해감 한탄할 것 없다오. 休歎容顏化逐年
(《후집》 권2, 〈차운이학사백전부화전시래증次韻李學士百全復和前詩來贈〉 中)

잔약한 몸에 늙음이 닥쳐옴을 살피지 않고 殘身不省老侵尋
오직 시구나 찾아 읊조리며 날을 보내네. 度日唯知覓句吟
근심을 잊게 하는 술만 독에 가득 있다면 但有妄憂盈甕酒

무엇 때문에 자손에게 물려줄 재산 걱정하리오. 何思遺子滿籯金
일전도 여축한 것 없으니 세속 일에 관심 적고 一錢無蓄塵情少
만사를 떨쳐버리니 도의 맛은 깊어지네. 萬事都抛道味深
누가 내 인생에 좋은 것 없다 하는가 誰道吾生無長物
본래의 명경明鏡이 마음속에 들어있는데. 本來明鏡在中心

(《후집》 권3, 〈차운백락천노래생계시次韻白樂天老來生計詩〉)

단정히 앉아 공空에 대해 생각하니
온갖 생각 맑아지고 端坐觀空萬慮澄
기골肌骨과 머리도 늙은 중 그대로이네. 老禪肌骨髮惟仍
집에 있으면서도 부처되기 거리낄 것 없는데 在家未礙先成佛
무엇하러 가사 입고 스님 노릇 하리오. 披毳何須要作僧
허리에 찼던 승상인丞相印 버렸을 때부터 自始腰抛丞相印
돌이켜보니 마음속에 석가 등불 켜져 있었네. 廻看心有祖師燈
그런 가운데 한 가지
웃지 않을 수 없는 것은 箇中一段堪嘲事
아내가 술상 차려놓고 부르면
나도 모르게 응하는 것. 妻置盃呼忽錯應

(《후집》 권3, 〈차운백락천재가출가시次韻白樂天在家出家詩〉)

금년엔 스스로 상계에서 놀게 되리라 생각하고 自擬今年上界遊
남헌南軒이 퇴락했는데도 수리하지 않았네. 南軒頹廢不曾修

완고한 학골鶴骨은 오히려 탈이 없어　頑然鶴骨猶無恙
청소하고서 잠시 더 머물러있기를 도모하네.　灑掃還圖且復留
(《후집》 권4, 〈유월이십오일리남헌六月二十五日理南軒 2수二首(기1其一)〉)

뜻에 맞은 경지가 바로 신선일진대　適意卽仙物
범인과 신선을 구별해 무엇하리오.　仙凡何必議
(《후집》 권4, 〈누식주이屢食朱李〉 中)

내가 관직에서 물러나 한가하게 살고부터는　自我退閑居
날마다 마음에 맞는 것만을 추구하네.　日用謀所適
마음에 맞는 것은 오직 가야금과 책뿐이고　適意只琴書
그 밖에는 좋아하고 아끼는 것 없다네.　這外少玩惜
(《후집》 권4, 〈사문생조염우유원지가야금시래방견증謝門生趙廉右留院持伽倻琴詩來訪見贈〉 中)

하루를 보내는 데는 두서너 잔의 술　度日兩三盃許酒
한 해를 보내는 데는 백여 수의 시.　涉年一百首餘詩
쓸쓸한 백발의 늙은 거사居士를　蕭然白髮老居士
누가 재상직 지낸 사람이라 하겠는가.　誰謂曾經鼎鼐司
칠십년 지난 일을 한가히 생각해보니　閑思七十年前事
괴목굴〔槐穴〕 앞에서 남가일몽의 꿈 깬 듯하네.　槐穴前頭夢覺時
(《후집》 권4, 〈자조自嘲〉)

가야금 타고 다시 시를 읊으니 彈琴又詠詩
온갖 근심이 일시에 풀리네. 愁思一時釋

(《후집》 권4, 〈차운박중사문수화여증여서가야금시래방견증次韻朴中舍文秀和予贈予婿伽倻琴詩來訪見贈〉 中)

노경에 마음 비우려 한다면 老境求虛心
도를 버려두고 어디로 갈 것인가. 捨道將安適
내 몸까지 버리려 하는데 尙欲遺其身
외물이야 무엇이 아까우랴. 外物何有惜
이미 정감을 크게 잊었다고 말하고 謂已大忘情
더 이상 성색을 좇지 않겠다 하면서 無復徇聲色
어찌하여 슬픈 소리 타기에 이르면 胡奈至哀彈
참지 못하고 눈물이 가슴을 적시는가. 未忍淚霑臆
그리고 칠십대 늙은 나이에 而於大耋中
도리어 가야금 찾기를 일삼는가. 反事琴箏覓

(《후집》 권4, 〈차운조렴우부화次韻趙廉右復和〉 中)

육합六合 밖의 일은 따지지 않고 六合之外置莫論
나와 그대는 방내方內에서 노니네. 吾與夫子游方內
사생死生과 수요壽夭도 자연에 맡겨놓고 死生壽夭付自然
밤낮이 바뀌는 것 보듯이 하네. 譬觀晝夜相明晦

⋮

마음 비우고 사물의 근원을 찾고자 하지만　虛心漸欲游物初
아무리 발돋움한들
책 밖에서야 어찌 찾을 수 있으랴.　跂足何曾求券外

⋮

우리는 고금의 일 따질 것 없고　吾儕不用談古今
술 마시며 가을 더위나 물리침이 마땅하리.　飮酒正宜秋暑退

(《후집》 권4, 〈차운이백전학사부화내자운시견기次韻李百全學士復和內字韻詩見寄(제1第一)〉)

무릎에는 거문고, 앞에는 책　琴橫膝上書置前
두어 곡조 타다가 두어 자 보네.　弄得數聲看數字
그러다가 다시 두어 잔 마시면　時復酌數盃
나도 모르게 취해 떨어진다네.　不覺頹然醉

⋮

아아! 이 세 가지는　嗟夫三物者
마음의 누累가 되기에 알맞으니　適爲心之累
어찌하면 이 모두를 버린 연후에　安得總相遺然後
번뇌 잊고 도에 들어가는 군자 되어보려나.　庶幾蹈道忘懷之君子

(《후집》 권5, 〈욕병삼물금미이선이시자격병서欲屛三物今未爾先以詩自激幷序〉)

손은 움직이는 것을, 눈은 보는 것을 맡았으니　手能司弄目能尋

불경을 볼 때에도 거문고 뜯는다오.　白傘觀時亦按琴
불경 대하고서 엉뚱한 일 한다고 꾸짖지 마오　莫道臨經容剩事
나는 음악으로 공양하려 하는 것이니.　我將供養以聲音

(《후집》 권5, 〈시월십사일간능엄방치금탄지인유작十月十四日看楞嚴傍置琴彈之因有作〉)

늙으면서 유서儒書 공부 중단하고　儒書老可罷
바꾸어 《능엄경》을 배웠네.　遷就首楞王
밤에 누워서도 외울 수 있으니　夜臥猶能誦
이불 속이 바로 도량이네.　衾中亦道場
밤에도 잘 암송하는 것 믿고　恃我夜能誦
한낮을 누워서 헛되이 보내네.　從教白日頹
연화蓮花가 선연히 눈에 보이고　蓮花森在眼
천엽千葉이 꿈속에서도 피어있도다.　千葉夢中開

(《후집》 권5, 〈와송능엄유작이수臥誦楞嚴有作二首〉)

뜻이 있으면 오신五辛[36] 물리치기가
어찌 어려우랴　有意何難屛五辛
점차 귀인[37]들과 관계 끊을 것 생각한다.　亦思漸斷內中人

---

36) 불제자가 먹지 않아야 할 다섯 가지 자극성 있는 채소. 즉 마늘, 부추, 파, 달래, 흥거 등을 말함.

37) 본시에 쓰인 중인은 궁중에 있는 지위 높은 인물들을 칭하므로 본고에

어찌 악귀에게 내 입술 핥게 하랴　　那教鬼舐吾脣舌
《능엄경》 설법으로 인연 없어지기를 바라노라.　請見楞嚴說助因
(《후집》 권5, 〈시단오신유작始斷五辛有作〉)

라고 읊었다. 이 시들이 백운의 치사 후의 생활과 생각을 드러낸 것들이다.

이를 통하여 보면, 백운은 치사 후에 느긋하고 한정閑靜한 생활을 만끽하였음을 알 수 있다. 새벽에 일어나 조회朝會에 나가는 일도, 보살펴야 할 집안일도 없어서, 늦도록 누워서 마음대로 읊조리다가 일어나서 서책이나 뒤적이고, 친구를 만나면 서로 시를 지어 창화唱和하면서, 목이 마르면 몇 잔의 술로 갈증을 풀고 헤어지는 생활을 한 것이다. 집에 살면서도 승僧과 같고 속세에 살고 있어도 신선과 같다고 여기면서, 영욕이 교차했던 지난 일들을 괴안지몽槐安之夢으로 돌리고, 사생死生과 수요壽夭를 자연에 맡기고, 아무 거리낌이 없이 본성에 맡기며 사는 생활을 즐긴 것이다.

천진한 생활

나이가 70이 넘었으면서도 정감은 소년시절보다 오히려 더욱 풍부해져서, 다정다감한 소녀처럼 눈에 스치는 새로운 경색景色

서는 귀인으로 풀이하였음.

이 있으면 그 감상을 시로 읊조리지 않고는 견디지 못하였고, 애상적인 곡조를 들으면 눈물이 흘러 가슴을 적시었다. 이러한 다정다감한 마음이 모두 시로 표현되어, 치사 첫 해인 무술년(1238, 71세) 한 해 동안에 무려 226수의 시를 지었으며, 치사 후 서거하기까지 3년 9개월 사이에 500여 수의 시를 남겼다.

대질지년大耋之年에 가까워진 후에는 입맛도 아이들처럼 변해서, 오얏이나 능금 같은 신 과일을 즐겨 먹었고, 누가 이런 과일들을 보내오면 아이들이 볼까봐 깊숙이 감춰두었으며(이를 '심비기아간深秘忌兒看'이라는 시구로 표현하였음), 이런 심경을 '친한 손님이 왔어도 선뜻 꺼내어주기 어려워지니, 남겨두었다가 훗날에 보기 위해서라네.〔愛客猶難饋 留爲後日看〕'[38]라고 읊기도 하였다.

온갖 좋은 선물 받는다 한들　　縱有千般貺
어찌 동그란 두 과일(복숭아와 오얏)만 하랴.　　何如二色團
늙은 아내가 어찌 이를 얻어먹을 수 있으랴　　老妻那得喫
어린 손자도 먹고 싶어 넘보는구나.　　稚子謾窺飡
쪼개기도 전에 침이 먼저 나오고　　未破涎先出
맛보자마자 혀가 이미 시도다.　　初嘗舌已酸

(《후집》 권7, 〈차운이시랑견화도이이수이사수화지次韻李侍郎見和桃李二首以四首和之(제1)〉 中)

---

38) 《후집》 권7, 〈사이시랑송산이벽도謝李侍郎送酸梨碧桃〉

하여, 친구나 늙은 아내나 어린 손자들에게도 나누어주지 않을 정도로 과일을 혹애·탐미하는 노공의 마음을 적나라하게 그려놓고는, 염치를 불고不顧하고, '내 만약 명년에도 살아있다면 또다시 보내주는 것이 어떻겠나.〔我若明年在 何如更惠看〕'[39]라고 청하기도 하면서,

단 맛은 아이들 입에 마땅하고	甘宜稚子舌
붉은 빛은 미인의 입술과 같거늘(홍시)	丹稱美人脣
가소롭도다, 수염 허연 늙은이가	可笑霜鬚老
부끄러움 없이 빨아먹는 것이.	包羞如噍津

(《후집》 권7, 〈차운하랑중부화신방증지次韻河郎中復和新訪贈之(제2)〉)

라 하여, 자신의 이런 행동을 쑥스럽게 여기기도 하였다.

백운이 치사 후 더욱 즐기게 된 시와 술과 가야금조차도 도를 깨우치는 데는 누가 됨을 스스로 모르는 바 아니었지만, 이 세 가지만은 끝내 떨쳐버리지 못하였다. 매일 두서너 잔의 술을 마시고 매년 100여 수의 시를 지으며, 불경을 읽고 있는 순간에도 가야금을 놓지 못하는 생활이어서, 젊었을 때에 자호를 삼혹호선생三酷好先生이라고 했던 이유를 알 만하였다.

---

39) 《후집》 권7, 〈차운이시랑부화도리시사수견시의운화성육수기말이장일사적진수상여도견기일사최후소향금색대리운次韻李侍郎復和桃李詩四首見示依韻和成六首其末二章一謝摘盡樹上餘桃見寄一謝最後所餉金色大梨云(제1)〉

노경에 이르러 이 세 가지를 더욱 혹애하여, 읊조리는 시구마다 이 세 가지를 거명하지 않는 경우가 거의 없었다. 집안에 술이 떨어지면 마음의 안정을 찾지 못하는 심정을 시를 지어 탄식하였고, 근심을 잊는 물건인 술만 있으면 다른 근심 걱정은 모두 사라졌으며, 불도佛道를 닦아 스스로 재가승임을 자처하다가도, 부인이 술을 차려놓고 부르면 불도佛徒임을 잊고 자기도 모르게 몸을 벌떡 일으키는 애주가가 바로 백운이었다.

백운의 생애는 곧 시인으로서의 일생이었으므로 시는 생활과 도저히 떨어질 수 없는 것이었다. 병에 걸려 이불 속에서 신음하면서도 시 창작을 멈추지 못하니, 시를 짓지 않고는 견디지 못하게 하는 시마詩魔가 자기 몸에 붙어서 스스로 이런 고생을 하게 된다고 탄식하기도 하였다.

《능엄경》에 몰두하다

백운은 소년시절부터 유·불·도의 경전을 비롯한 여러 전적을 두루 섭렵하였으며, 노퇴후老退後에는 더욱 불교에 침잠하였고, 불경 가운데도 특히 선종의 경전인 《능엄경》에 몰두하여 이를 모두 암송할 정도에 이르렀다. 주위 사람들에게도 《능엄경》 읽기를 적극 권장하였고, 친지가 《능엄경》을 읽기 시작하였다는 말을 들으면 축하하는 시를 지어 보내 격려하였다. 이러한 노력으로 거의 열반의 경지에 이른 듯, 그 달관의 경지를 '연화蓮花가 선연히 보이고 천엽千葉이 꿈속에서도 환하다.'라고 읊었다. 백운이 비록 주육酒肉을 끊지는 않았지만 《능엄경》을 읽으면서 불제자가 먹지 않아야 할 오신五辛만은 먹지 않았던 것으로 보아, 그의 불도에 대한 관심과 열의를 짐작할 수 있다.

백운은 유학과 불교에 대하여,

내가 어제 남헌南軒에서	我昨於南軒
느지감치 일어나니 해가 이미 돋았더군.	晏起日已暾
세수하고 불경을 들고	盥嗽執經卷
책장을 막 넘기는데	方向手中飜
화려한 유관을 쓴 객이	客有枝木冠
나를 보고 하는 말이,	謁我仍有言
"정도를 지니고 잡되지 않은 것이	以正不以雜
군자가 독실하게 지켜야 할 의리인데	君子義所敦
그런데도 이러한 불법을	而此浮屠法
유학자로서 어찌 닦고 있는가?" 하기에	奚爲於丘門
나는 이렇게 말했네. "사나이란	我言男兒者
각기 품은 뜻이 있으므로	各有懷抱存
선비가 높은 벼슬에 오르게 되면	士方顯仕時
인문의 교화로 경위經緯를 삼고	經緯以人文
《시경》·《서경》과 예악으로	詩書與禮樂
임금을 오래도록 보필하다가	輔相千載君
늙으면 한가히 살면서	旣老退閑居

거문고와 술을 즐길 수도 있는데　有或事琴樽
이런 것을 내가 감히 바랄 수 있으랴.　此輩吾敢望
털끝만 한 공적도 없었으니　無功補毫分
거문고나 술이 이미 분에 맞지 않으나　琴樽已非分
부처님 섬기는 것이야 무슨 흠이 되랴.　事佛有何痕
더구나 유도와 불도는　況復儒與釋
궁극의 이치가 동일한 근원에서 나왔으니　理極同一源
어느 쪽은 잡되고 어느 쪽은 순정하다
따질 게 있는가?　誰駁又誰純
괴이하도다! 그대의 주장이."　咄哉渠所論

(《후집》 권6, 〈남헌답객南軒答客〉)

라고 말하여, 유학은 현세에서 경세치용을 통하여 백성에게 은혜를 베풀어 윤택하게 하는 정치철학이고, 불교는 안심입명하면서 자신을 닦는 수양의 방편으로, 각기 기능을 달리하면서 상호 보완적인 역할을 하는 관계이지 대립적인 관계가 결코 아니라고 보았다. 즉 유와 불은 그 궁극의 이치가 동일한 근원에서 나온 것이므로 유불을 병진시킴이 필요하며, 유를 현세를 다스리는 학으로, 불을 내세의 구원을 위한 교로 본 것이다.

백운의 이러한 사상은 배타적 성격이 강한 성리학性理學이 도입되기 이전까지의 고려 지식층知識層의 일반적인 생각이었다. 백운이 유가儒家 및 불승들과 아무런 마찰 없이 광범하게 교유할 수 있었던 것도 바로 이런 까닭으로 가능했던 것이다. 백운의 시가 성리학을 신봉하던 조선조 시인들의 시보다 전아함과 격식을 준수하는 면에서는 좀 떨어지나 매우 호방하고 스케일이 크며 자유분방한 것은, 바로 하나의 교나 학에 얽매이지 않고 동양의 모든 사상을 종합적으로 수용하여, 이를 자신의 사상 속에 혼융混融하고 이런 경지를 시로 표현할 수 있었기 때문이었다.

백운이 노퇴 후 이와 같이 한정한 생활을 하며 시詩와 주酒와 금琴을 혹애하고 《능엄경》에 몰입하면서도, 간간히 엄습하는 노경의 고독은 감내하기 어려웠던 듯, 그 고적孤寂함을 많은 시로 드러내었으며, 술 한 병 들고 잊지 않고 찾아주는 옛 친구들이나 옛 제자들이 있으면 뛸 듯이 반가워하였다.

남이 한 수를 지으면

한편 백운은 노쇠한 가운데도 작시에 있어서만은 결코 남에게 뒤질 수 없다는 생각으로, 남이 한 수를 지어 보내면 두 수로 화답하여, '많은 시인들이 나의 시에 화답할 때, 몇 편을 짓고는 항복하는 깃발을 꽂았네.〔多少詞人和我詩 數篇成了竪降旗〕'40)라고 스스로 자랑할 정도로 호승지벽好勝之癖을 가지고 있었다. 백운의 이러한 성벽性癖은 동방의 사인詞人으로는 자기보다 나은 사람이 있을 수 없다는 자부심에서 발로된 것으로, 노후에 비로소 갖게 된

---

40) 《후집》 권9, 〈말유여지우이일절기지末有餘紙又以一絶寄之〉

생각이 아니라 소년 때부터 품고 있었던 것이다. 해좌칠현 중 일부 인사를 백안시하고 오세문과의 경쟁의식에서 〈동명왕편東明王篇〉, 〈삼백운시三百韻詩〉, 〈논조수서論潮水書〉 등을 지었던 20대부터 이런 긍지를 품고 있었으며, 백운보다 훨씬 연상인 주위 사람들도 이 점을 인정하여 망년우忘年友로 허여許與하였고, 노경老境에 이르러 치사致仕한 후에도 국조國朝의 고문대책高文大冊과 외국에 보내는 서書와 표表 등은 모두 백운에게 맡겼던 것이다.

무술년(1238, 71세) 12월에 칙명을 받들어 몽고황제蒙古皇帝에게 보내는 표장表狀과 진경당고관인晉卿唐古官人에게 보내는 서장書狀을 지었고, 기해년(1239, 72세)에도 2회에 걸쳐 몽고 황제에게 보내는 표表와 진경晉卿에게 보내는 서장을 지은 것 등이 바로 그런 예이다.

사회상에 눈을 감다

당시의 사회상을 살펴보면, 몽고蒙古의 침입으로 온 국토가 참혹한 유린을 당하고 있는데도, 강화도로 옮겨간 지배층은 육지로부터 과일까지 옮겨다 먹고 화려한 저택에서 주연으로 날을 지새며, 천도 이전과 다름없는 호사를 누렸다. 백운 또한 이미 최고 지배층의 반열에 올라 귀족들의 안일한 생활행태에 동화되어, 백성들의 곤고에 대하여 크게 용심하지는 않은 듯하다.

송악의 옛 자취 허황한 꿈이거니　　松麓遺蹤一夢空

황폐한 그 땅을 다시 생각 마오. 不須更憶荒虛地
그대여 바라보라! 새 도읍인 이 화산花山을 君看新邑是花山
그 사이 궁전 열어 천자를 받드노라. 中闢彤闈奉天子
일천 가옥 여기저기 푸른 기와 즐비하고 遠近千家璧瓦差
일만 부엌 아침저녁 푸른 연기 일어나네. 朝昏萬竈青烟起
웅위한 만조백관은
뭇 별들이 북신에 공읍하듯 百官擁似拱辰星
사방에서 달려오는 백성들은
물이 바다에 조회하듯. 四域奔如朝海水
대궐에서 베푼 잔치 지난날에 손색없고 鳳樓御宴不減前
뜰 가득한 많은 기생들 고운 자태 보이누나. 萬妓盈庭獻娟媚

(《후집》 권7, 〈차운이시랑견화이수次韻李侍郎見和二首〉 中)

하여, 육지에서 횡행하며 약탈을 일삼는 몽고군을 몰아내고 구강舊疆을 수복할 의지는 볼 수 없고, 오직 전일과 같이 향락을 즐길 수 있는 현실을 고마워할 뿐이다. 백운은 일상생활 속의 희노애락을 모두 시로 적어놓았으면서도 격심한 전쟁의 와중에서 겪은 백성들의 참상을 읊은 시는 별로 눈에 띄지 않으며, 몽고를 증오하는 몇 편의 시가 산견散見될 뿐이다.

이런 면은 스스로 지행선地行仙으로 자처하면서 애써 현실에서 초연하려는 뜻의 발로로 볼 수도 있다. 한편으로는 백성들의 곤고를 너무 드러내놓으면 통치자의 약점을 밝혀놓는 것이 되어 통치자를 비판하는 것으로 비칠 수도 있으며, 당시의 정치상황이 이런 것을 용납하지 않았던 것도 이유가 되었을 것이다. 그러나 예민한 시인의 비판안批判眼에 현실의 비리나 백성들의 고통이 보이지 않을 리가 없어서, 백운이 지공거가 되어 출제한 책문에는

> 지금의 형편을 보면 여러 고장에 잔민殘民들이 떠돌아다니며 한 곳에 정착定着하지 못하고 있는데, 이들을 평안하게 정착시키려면 어떤 방법을 써야 할 것이며, 토지가 황폐하여 묵는 땅이 많은데 농업을 진흥시키려면 어떤 방책을 써야 할 것인가?
>
> (《후집》 권11, 〈갑오년예부시책문甲午年禮部試策問〉)

하고, 현실에서 절실하게 해결해야 할 과제를 문제로 출제하여, 당시 국가가 처한 난관을 극복할 수 있는 방안을 제시하도록 하였으나, 백운의 현실비판現實批判이나 비리非理의 적출摘出은 이 정도의 범위를 벗어나지 못하였다.

노쇠와 곤궁

백운은 치사 직전부터 급격히 쇠약해지기 시작하여, 치사 후에는 노쇠현상이 더욱 현저하게 나타났다. 70세에 피부병으로 5개월을 고생하였고, 73세부터는 왼쪽 눈에 백태가 끼어 시력이 약화되었으며, 집권자 최우가 백운을 위하여 희귀한 약재인 용뇌龍腦를 보내주고 의관을 파견하여 치료해주었으나 효험이 없어서, 선화仙化할 때까지 이환罹患의 상태로 지내었다. 백운은 그 괴

로움을,

연잇는 내 신병 너무도 극심하여 纏綿疾云劇
까물까물 죽어가며 맥박만 겨우 뛰고 있네. 幾頓恃微脈
이 또한 죽을병은 아니나 此亦非死病
죽은들 또한 무엇이 아까우랴. 死我天何惜
일흔 세 살 늙은이 七十有三翁
승천 길 막히지 않았으니 昇天路非隔
어느 해에나 상제께 돌아갈 수 있으려나 何年長揖歸
하늘에 물어봐도 대답이 없네. 問天天自默
산가지 헤아려 점을 쳐보면 알 수 있겠지만 步算頗可知
내 점괘가 때로는 틀리기도 한다네. 吾算有時忒

(《후집》 권7, 〈와병구불료인유작臥病久不療因有作〉)

침침하기가 밝은 달이 월식을 만난 듯하고 晻如明月蝕
깜깜하기가 먹구름이 덮인 듯하니 暗若玄雲蔽
글 읽을 때의 고통을 말한다면 若言看書苦
한 눈이 왜 이런지 짜증만 나네. 一目何偏翳
오른쪽 눈은 비록 탈이 없으나 左目雖不病
흐릿하게 저절로 감기려 하네. 朦然好欲閉
조물주가 본래 두 눈을 만들었는데 天令備左右
한 쪽을 못 쓴다면 그 불편 얼마나 크랴. 廢一患莫大

내 만약 이대로 반쪽만 보는 불구가 된다면　設若作半人
무슨 낯으로 벗들을 대할 수 있을까.　胡顔見朋輩
(《후집》 권9, 〈통좌목루순금음반배유작痛左目累旬今飮半盃有作〉)

라고 읊어, 차라리 빨리 죽어서 이 괴로움을 잊고 싶다고 하면서 한쪽 눈을 못 쓰게 되면 친구를 대하기도 어려울 것이라고 탄식하였다.

이러한 병중에도 작시와 음주를 끊지 못하였으나 주량은 점차 줄어들어서,

반잔만 마셔도 오히려 칼로 찌르는 듯 쏘니　半盃猶劇刺刀侵
이를 마신 내 마음 후회스럽네.　飮亦吾心悔未禁
힘 있는 국신麴神은 옛 용맹 여전하니　有力麴神依舊猛
내 이제 굴복해야겠네. 감당하기 어렵도다.　予今伏矣信難任
(《후집》 권7, 〈이병지주루순금음반배유작以病止酒累旬今飮半盃有作〉)

하여, 드디어 주신 박카스에게 항기降旗를 들고 말지만 비록 소량이나마 그 후에도 음주는 계속하였다.

이렇게 노쇠해지는 데다 정부에서 지급하던 녹봉(재관시의 반봉半俸)도 제대로 지급이 안 되어 곤궁하게 지냈으며, 가끔 집권자 최우가 곡식을 보내주어 끼니를 잇는 형편이었다.

신선이 보내온 편지

백운은 노쇠해지면서 죽음에 대하여 숙고한 듯하다. 이에 장자류의 사생관을 갖게 되어, 사死와 생生을 동근同根에서 발현한 양면으로 보고, 사후에는 반드시 선화仙化하여 옥황이 계신 천궁으로 갈 수 있으리라고 믿었다.

기유년(1189) 꿈에 규성이 이서異瑞를 전한 이후, 백운은 자신이 상제의 곁에서 제칙制勅을 맡아보면서 공로가 컸으므로 상제께서 그 노고에 보답하고자 잠시 천상의 문관 자리를 비워두고 인간계의 학사로 내려 보내어 천하에 이름을 떨치게 한 후 천상으로 소환하여 다시 천상의 선반仙班에 배치할 생각으로, 동해 부상扶桑 한 모퉁이에 있는 해 돋는 나라 고려에 태어나도록 한 것이라고 믿었다.

이에 현세에서 옥당玉堂과 봉각鳳閣에 올라 문필로 양명揚名하여 나라에 기여한 후에는, 반드시 천상의 문한을 맡는 신선이 되리라고 믿고 이를 동경하였으니, 신선이 나에게 보내는 편지를 대신 쓴 것이라는 〈대선인기여서代仙人寄予書〉에서,

> 모월 모일에 자미궁紫微宮의 사자使者 모某와 단원진인丹元眞人 모某가 삼가 신선神仙의 처소에서 심부름하는 동자童子를 보내어 동국東國의 이춘경李春卿(이규보의 자가 춘경임)에게 받들어 편지를 올리나이다. 인간세상이 시끄럽고 번잡하여 매우 괴롭고 괴로울 것인데, 삼가 도를 닦으시는 생활이 어떠하신지 사모하며

그리워하는 마음 간절합니다.

저희 둘은 천제의 곁에 있으면서 천제의 명을 출납하는 비서들입니다. 옛적에는 그대도 또한 상제를 보필하는 문신으로 계시면서 상제의 칙명을 짓는 일을 담당하고 계셨습니다. 봄이면 온화한 기氣를 펼쳐서 초목을 기르고, 겨울이면 추위를 떨쳐 만물을 숙살하며 혹 뇌성을 울리며 번개를 치거나 풍우가 휘몰아치게 하거나 서리와 눈이 내리게 하거나 구름과 안개가 끼게 하는 것들이 모두 상제께서 천하에 호령하시는 것인데, 이런 제칙制勅이 그대의 손을 거쳐 한 번 나오게 되면 상제의 뜻에 맞지 않는 것이 없었으므로, 이에 크게 도움을 받았다고 여기셔서, 그대의 노고에 보답하고자 신 등에게 하문하셨습니다.

신 등이 건의하기를 "잠시 천상의 문관 자리를 비워놓고 인간세계로 보내어 학사가 되게 하여 서액西掖 북문에서는 즐겨 황제의 어보御寶가 찍힌 제고制誥를 짓게 하고, 자미紫薇 황각黃閣에서는 금정金鼎의 국을 알맞게 조리하게 하여(재상이 되게 하여) 생민生民들에게 은택을 입혀서 명성이 천하에 떨치게 한 후에, 칙령을 내려 천상으로 소환하여 다시 천상의 신선 반열에 배치하소서. 이렇게 하신다면 그의 노고에 대한 보답이 될 듯합니다." 하였습니다.

상제께서 즉시 윤허하셔서 이에 그대에게 충화沖和한 기운氣運을 보익補益하도록 준상峻爽한 자질을 덧붙여주시며, 목록에 적힌 대로 수레 백량百輛과 말 만 필을 뒤따르게 하여 동해의 부상 모퉁이에 있는 태양이 제일 먼저 떠오르는 나라로 보낸 것입니다.

그대가 떠난 지 몇 해가 지나도록 하나의 관직에 오르거나 뛰어난 업적을 드러내거나 하나의 대책大冊을 찬술하여 황제에게 보고드렸다는 소식을 듣지 못하였으므로, 우리들이 이를 매우 의아하게 여기면서 사자를 보내어 그렇게 된 연유를 힐문하고자 할 때에, 마침 인간세계에서 온 자가 있어서 물으니, 다음과 같이 대답하였습니다.

"소위 춘경이라는 사람은 곤궁하게 지내며 앞길이 막혀서 일명一命(구품)의 벼슬도 얻지 못하고, 적선謫仙(이태백)처럼 술이나 마시며 자못 미친 듯이 지내고, 원결元結처럼 산수를 떠도는 방랑자가 되어서, 허리에는 일척 반쯤 되는 인印끈도 드리우지 못하고, 머리에는 삼품관이 쓰는 관도 쓰지 못하였으니, 물 잃은 용이나 상갓집 개처럼 실심하고 멍청하게 지내며 누더기를 걸치고 있는 궁사窮士일 뿐입니다. 공경公卿과 진신搢紳들이 그의 이름을 모르지는 않으니, 어찌 우활하고 일처리에 섬세하지 못하여 채용되지 못하는 것이 아니겠습니까."

말이 끝나기도 전에 우리들이 깜짝 놀라 손가락을 튕기며 탄식하고, 그대의 나라에서 어진 사람을 질시하고 유능한 사람을 기피하는 죄를 따져서 상제께 즉시 보고하자, 상제께서 머리를 끄덕이시며 재가를 하셨으니, 앞으로 그들을 단단히 금고禁錮하고 그대의 굴욕을 펴주실 것입니다. 그리 된다면 그대는 날개를 펼쳐 떨치고 그대의 걸음걸이는 드높아질 것입니다.

옥당玉堂(한림원)에 오를 길이 있으니, 그것이 아무리 깊숙한 대궐 안에 있은들 어찌 못 오를 것이며, 봉각鳳閣(중서문하성)이 하늘에 있는 것이 아닌데 아무리 높은들 어찌 못 오르겠습니까. 홍진紅塵의 속세에서 잠시의 영화를 누리실 것인데, 푸른 하늘에 있는 우리들은 그대가 선인仙人이 되어 오르시기를 간절하게 바랄 뿐입니다.

먼지 낀 요슬瑤瑟은 장차 그대가 오시기를 기다려 먼지를 털어내고 뜯을 것이고, 주인이 비어 닫혀있는 자미궁의 옥당은 장차 그대가 오시기를 기다려 열 것입니다. 자황紫皇께서 내리신 단로장丹露漿과 금하액金霞液을 우리들만이 싫토록 마시면서 그대와 함께 마시지 못하고 있는지 오래 되었으니, 마땅히 속히 품고계신 뜻을 이루시고 다시 하늘나라로 달려오소서.

아아, 공명은 이루지 않아서는 안 되지만 부귀는 오래도록 탐할 것이 못됩니다. 우리들이 그대에게 권면할 것은 이것뿐이니, 이에 힘쓰소서. 머리를 조아리며 거듭 절을 올리고 삼가 이렇게 아뢰옵니다. (《전집》 권26, 〈대선인기여서代仙人寄予書〉)

하여, 자신은 전생에 하늘의 상제 곁에서 문필의 직을 담당했던 신선이었고, 고려에 태어난 것은 전생의 공로로 잠시 포상휴가를 받아서 살고 있는 것이므로, 당연히 문필의 직을 맡은 지상선 노릇을 하면서 이를 통하여 공명을 이룩할 의무가 있고, 사후에는 다시 상제 곁으로 가서 원래의 직책에 복귀하여 문필을 담당한 신선이 될 것이라고 여긴 것이다.

즉 자신은 전생·현생·내생 모두가 문필을 담당한 선인 역할을 할 운명을 타고났다고 믿었다. 이런 의식을 가지고 있었으므로 시와 문 어느 분야이든 남보다 뛰어나야 하고 남에게 뒤떨어지는 것은 받아들일 수가 없었고, 그 때문에 수많은 전적을 독파하고 명시와 명문을 짓는 데 도움이 될 만한 시구와 문구들을 따서 암기하였던 것이다. 그가 지녔던 이런 의식은 수많은 시편에도 드러나 있다.

오르고 내림 및 흥하고 망함의 이치에 맞게	陟降與乘除
천도天道는 잘도 순환하도다.	天道好往返
만약 다시 하늘로 올라간다면	若復昇天歸
다시 하늘의 신선들과 짝이 되리라.	又作仙人伴

(《후집》 권7, 〈옹로擁爐〉 中)

인간세상에서 지친 지 오래인데	久矣人間苶苶疲
자황紫皇의 부르심이 어이 이리 더딘가.	紫皇徵召一何遲

(《후집》 권5, 〈형수유감形瘦有感〉 中)

끝없이 망망한 창해에	滄海杳茫茫
저 외로운 배 어디로 가는가.	孤舟何處適

나도 함께 타고 가고 싶은데	我願與之歸
그러면 봉래도蓬萊島에 닿을 수 있겠지.	儻向蓬萊碧
그러나 바라보지 않음만 못하네	不如不望之
부질없이 마음만 측은해지니.	空使吾心惻
하늘에 오르고 싶은데	焉知天上升
바다와 산이 막고 있음을 어찌 하리오.	反恨海山隔
아아! 나는 티끌 세상에 속박되어	嗟予猶滯凡
여기도 저기도 오가지 못하네.	彼此迷所卽

(《후집》 권9, 〈등가원망해유작登家園望海有作〉)

오늘 아침에 별안간 생각하기를	今朝瞥起念
몸에 두 날개가 돋아	
천지사방을 훨훨 날아다니며	擬欲身生兩翮橫出六合飛奮逸
아래로는 강과 바다를 뛰어넘고	下則超江海
위로는 해와 달을 휘저었으면 했는데	上焉摩日月
어쩐지 이것 또한 좁게 여겨져	此亦一何狹
남도 북도 여기도 저기도 없는 것이	不南不北無彼無此
곧 도의 참 경지라 느껴졌네.	是迺道之實

(《후집》 권9, 〈병중독좌울회득장단구일수무처기시인증이시랑病中獨坐鬱懷得長短句一首無處寄示因贈李侍郞〉 中)

라고 읊어, 자황이 선계로 부르지 않아 진세에 얽매어 있는 것을 안타까워하면서, 천지와 만물에 전혀 구애를 받지 않는 완전히 자유로운 선계인 무하유향에서 노닐고자 하였다. 이러한 소망은 꿈으로도 나타나서,

꿈에 먼 하늘에 오르니	夢上迢迢天
옥황 계신 곳 겹겹으로 잠겨 있었네.	玉宸九鎖重
하계下界인 인간세계를 내려다보니	俯視下界內
모든 사람 벌레처럼 꿈틀거렸네.	蠢蠢黑頭蟲
갑자기 누군가가 나의 팔을 잡아끌어	有人忽掣肘
어리둥절 하늘에서 떨어졌네.	茫若墮長空
하늘과 땅의 거리가 얼마나 되는지	天去地幾何
선경과 속세가 눈 깜짝할 사이일세.	仙凡一瞥中
꿈과 생시를 한가지로 본다면	夢覺若等觀
나는 진정 천궁에 갔던 것이리.	眞箇到珠宮
고르게 나누어진 것이 낮과 밤이라면	平分者晝夜
꿈과 생시가 어찌 같지 않으랴.	夢覺曷不同

(《후집》 권8, 〈경자십이월일몽승천庚子十二月日夢昇天〉)

하여, 꿈에 먼 하늘에 올라갔다가 옥황이 계신 곳은 문이 잠겨 들어가지 못하고 다시 하계로 내려왔던 일을 기록하고, 몽夢과 각覺의 세계를 하루가 주야晝夜로 나누워짐과 같은 동일한 것으로 보았으며, 사死와 생生의 세계도 일여一如요 동근同根이라고 보

왔던 것이다.

세상과 이별하다

한편 백운의 생시에 큰아들 이함李涵이 그의 문집 편찬에 착수하여 신축년(1241, 74세) 3월경에는 초고草藁가 거의 완성되었던 듯하다. 백운이 유승단兪升旦에게 보낸 편지에,

> 내가 생전에 지은 시가 팔천여 수쯤 되는데, 함涵이 "자식이 글을 알면서도 아버지의 글을 모으지 않는다면 인정을 지닌 사람의 도리가 아닙니다." 하고, 내가 그동안 교유했던 유가儒家나 불승佛僧으로부터 천여 수를 찾아내었으니, 그대가 이를 윤색해 주었으면 좋겠네.
>
> (《전집》 권10, 〈여유시랑승단수간與兪侍郎升旦手簡〉)

한 것과 함께, 백운의 사망 직전인 동년 8월에 이수李需가 백운의 부탁을 받고 문집의 서문을 썼다고 밝힌 것으로 보아, 백운 자신도 문집의 편찬에 조언과 협조를 제공한 듯하다. 아들 이함이 신축년 3월 3일에 홍주洪州 태수太守로 부임하였으므로 그 이전에 문집의 초고가 완성되었을 것이며, 백운이 와병한 7월부터는 판각에 착수하였다.

백운은 아들 이함을 홍주 태수로 보내면서 이것이 자식과의 영원한 이별임을 예감한 듯하다.

죽음이 임박한 나이에 桑楡景云迫
아들 함涵과 작별하며 눈물 흘렸네. 泣別阿兒涵
너의 가는 곳 어디냐 물으니 問汝向何處
아득한 남쪽 지방이라네. 杳杳天之南
태수가 되었으니 비록 네겐 영광이지만 專城雖汝榮
이 이별을 내 어찌 감당하랴. 此別吾何堪
칠십이 넘은 늙은이가 安有大耄翁
어찌 네 임기 삼년동안 살아있겠는가. 留待期年三
이는 분명 영원한 이별이니 懸知是永訣
아픈 마음 무어라 표현하랴. 痛絶那容談
잘 갔다가 잘 돌아와서 好去好還朝
나라의 중신이 되어 公府坐潭潭
부디 가문의 명예 떨어뜨리지 말고 毋或墮家聲
아무개 아들답다는 칭찬 들어야 하나니 人許某家男
생전에 비록 만날 수 없다 해도 眼前雖未見
사후에야 어찌 서로 알아보지 못하랴. 地下豈不諳
청백淸白을 제일로 삼고 淸白是第一
그 다음은 근신하고 겸손하거라. 其次愼而謙

(《후집》 권9, 〈신축삼월삼일송장자함이홍주수지임유작辛丑三月三日送長子涵以洪州守之任有作〉)

하여, 자식과 마지막으로 헤어지는 애틋하고 서글픈 부정父情을 토로하며, 청백·근신·겸손을 신조로 삼아 가문의 명예를 떨어뜨리지 말기를 간곡히 당부하였다.

그해 7월 백운의 병이 심해지자, 집권자 최우는 계속 문병을 하고 명의들을 보내어 치료에 힘쓰도록 하면서, 백운이 평소에 저술한 것 가운데 사자嗣子 함涵이 편집해놓은 문집 53권을 가져다가 공인工人을 모집하여 빨리 판각하도록 독려하였으니, 이는 백운이 살아있을 때에 완간된 문집을 보여주며 위로하고자 한 것이다. 그러나 거질을 판각하는 공역이 너무 거창하여 뜻대로 되지 않아서, 서거 후에야 비로소 간행되었다. 7월과 8월 약 2개월간 병이 심하여 시를 짓지 못했던 백운은 8월 29일 마지막으로 시 한 수를 짓고, 3일 후인 9월 2일 시끄럽게 곡을 하지 못하도록 부인과 자식들을 물리치고, 밤이 되자 잠자듯 조용히 세상을 버리고 서거하였다.

동국이상국집東國李相國集

74년간 역사의 격변을 지켜보며 자신의 감고甘苦에 일희일우一喜一憂하면서, 느끼는 점마다 시를 지어 감정을 드러내었던 동국의 대문호 백운거사는, 국왕으로부터 문순文順이라 시호를 받고, 12월 6일 경인일에 강화 진강산 동쪽 기슭에 안장되어, 드디어

다사다난했던 한 생애의 종언을 고하였다.

백운의 문학생애

지금까지 백운의 문학생애를 네 시기로 구분하여 살펴보았다.

탄생 이후 진사시에 급제한 22세까지를 수학기修學期로 보아, 이 시기에 자신은 하늘이 낸 특출한 인물이라는 자의식을 가지고, 문학 공부에 전력을 다하여 이미 문단에 명성이 자자하게 되었고, 우주를 좁게 여기며 무하유향에서 노닐려는 도가사상과 입신양명하여 천하에 은택을 입히려는 유가사상이 그의 심저心底에 함께 형성되었다.

그 후 23세부터 39세까지의 17년을 방황기彷徨期로 보았다. 이 시기에는 뜻대로 되지 않는 현실에서 도피하여 환상적인 완전자유를 누리려는 노장사상에 침잠하기도 하였고, 다시 현실로 돌아와 구환求宦에 노력하기도 하면서 방황했던 기간이다. 이 기간이 그에게는 큰 시련기였지만, 그의 일생 가운데 생활이나 직무에 얽매임이 없이 독서와 시와 술로 소일하면서 탁월한 문학작품을 대량으로 창작하여, 문인으로서의 위치를 공고히 한 기간이기도 하다.

이어서 직한림원에 권보權補된 40세부터 금자광록대부 수태보 문하시랑평장사 수문전태학사 감수국사 판례부사 한림원사 태자태보로 치사한 70세까지를 사환기仕宦期로 보았다. 이 시기에는 일이 뜻대로 되지 않거나 시련에 봉착하면 청산백운 속으로 들어가 은둔할 생각을 품기도 하였으나, 대체로 문신으로 사는 데 보람을 느꼈던 시기이다. 이 시기에 바탕이 되었던 마음가짐은 유가적 입신주의여서, 한 등급씩 품계가 높아지는 일과 문한을 담당한 문유文儒로서 왕언제고王言制誥의 고문대책高文大冊을 훌륭하게 지어내는 일에 보람을 느끼며 지냈고, 이런 생활에 적합하도록 방광함을 억누르고 수분守分·겸공謙恭·신근愼謹에 힘쓰는 처신을 했던 시기이다.

마지막 치사기致仕期는 70세로 치사한 후 74세로 사망하기까지 3년 9개월간이다. 이 시기의 백운의 생활을 정지鄭芝가 지은 뇌서誄書에는, '만년에 불법佛法을 더욱 숭신하여 《능엄경》을 암송하고, 세심경洗心經(《열자》)을 즐겨 읽었으며, 대연지수大衍之數(《주역》)를 궁구하였다.' 하여, 불교의 기본 철리와 수선법修禪法의 요의를 해설한 선종의 대표적 경전인 《능엄경》과, 노장의 무위자연사상의 정수를 드러낸 《열자》와, 가장 심오한 유가사상을 나타낸 철리서인 《주역》을 즐겨 읽어서, 유불도 삼교를 융합한 근본 철리를 즐기며 안한安閒한 생활을 영위했던 시기이다. 즉 만년에 백운이 도달했던 정신세계는 유가적 독선기신獨善其身과 불가적 공문무욕空門無欲과 도가적 은일隱逸이 하나로 혼융된 경지였으며, 서거시에는 서역정토西域淨土를 향해 떠나려는 듯이 서쪽을 향해 모로 누워 잠자듯이 숙연히 기세棄世했던 것이다. 그가 방황기에 불운한 처지를 원망하며 은일을 추구했던 점과 치사기에 즐겼던 은일은 차이가 있으니, 방황기에 추구했던 은일이 질세적嫉世的

은둔이었다면, 치사기에 누렸던 은일은 세속적 이욕과 번민에서 벗어난 염담적恬淡的인 은일이었던 것이다.

제2장

백운의 문학관

제2장 백운의 문학관

본 장에서는 백운이 문학의 가치와 효용에 대하여 직접 기술한 견해와 그의 시문에 나타난 문학에 대한 인식을 고찰하고자 한다.

백운도 당시 모든 문인들과 마찬가지로 필수적으로 읽은 기본서가 유교 경전이었으므로, 바로 그 경전에 수록된 문학에 관한 견해가 백운의 문학사상에 절대적인 영향을 끼치게 되었다.

《논어論語》와 《시경詩經》 〈대서大序〉를 보면, 유교적 문학관이 후대인이 흔히 생각하듯이 공용성만을 강조하고 예술성은 무시한 편협한 문학관이 아니고, 예술성과 공용성을 조화시킨 중용을 취한 문학관임을 알 수 있다.[1] 즉 예술성보다는 공용성이 현저하기는 하였으나, 후세의 일부 인사들의 주장처럼 공용성만을 고집하고 예술성을 배격한 것은 아니다.

백운이 지니게 된 문학에 대한 사상에도 이러한 유교적 문학관이 깊은 영향을 끼쳤는데, 그가 문학의 본질을 무엇으로 보았고, 시를 지을 때에 무엇을 유의하고 어떻게 지어야 한다고 보았는가와, 어떤 시를 격조가 높은 시로 보았는가 등을 살펴보고자 한다.

---

1) 차상원, 《중국고전문학평론사》, 범학도서, 1975. pp.13~18 참조.

1. 문학본질론

1) 의본문말론意本文末論

상기 유교적 문학관은 당시의 문인들로서는 모두가 당연하게 여긴 것으로, 백운도 이를 그대로 받아들였다. 그래서 문학론을 드러낸 시문들 가운데에 도道를 중시하는 유교적 문학관이 드러나 있다. 그의 〈논시〉에,

시 짓기가 더욱 어려운 것은	作詩尤所難
말과 뜻이 함께 아름다워야해서네.	語意得雙美
⋮	
근래에 시 짓는 무리들은	邇來作者輩
풍아(《시경詩經》)의 본뜻은 생각지 않고	不思風雅意
거짓되게 단청만 하여 외면만 꾸미고	外飾假丹靑
한 시대의 기호에만 맞추려 하네.	求中一時嗜
이런 습속이 차츰 풍조를 이루어	此俗浸已成
사문(도道)이 땅에 떨어지게 되었네.	斯文垂墮地
⋮	
시경 삼백 편을 암송한들	誦詩三百篇
풍자하여 보익할 곳이 어디에 있겠는가.	何處補諷刺

(《후집》 권1, 〈논시論詩〉 中)

하여, 시詩를 짓는 이유는 《시경》의 정신을 구현하는 데에 있다고 하였다. 즉 《시경》의 정신인 '사무사思無邪'와 '온유돈후溫柔敦厚'의 경지에 이르는 것이 작시의 목표이어야 하고, 이것이 문학의 본질인데, 당시의 문인들이 도를 함유한 시의詩意를 세움이 어렵게 되자 외식外飾에 치중하여 세인들을 현혹시키려한다 하면서, 이런 폐습이 하나의 풍조를 이루어 사문이 땅에 떨어지게 되었다고 개탄하였다.

이 시에서 언급한 사문이 바로 유교의 도이며, 이는 육경 속에 함유된 인의예지 효제충신의 도를 가리키는 것이다. 입의立意에 용심用心하지 않고 기미綺靡하게 꾸미는 데만 열중하여 사문斯文이 땅에 떨어지게 되었다는 것은, 이곳에서 언급한 의意가 육경지의六經之意, 곧 도를 지칭한 것으로, 시는 의意를 본本으로 삼고 문文을 말末로 삼아야 한다는 의본문말론意本文末論을 주창한 것이다.

즉 시는 육경처럼 도를 드러냄을 목표로 해야 하며, 사무사思無邪한 《시경》의 시가 바로 그러한 시의 전범이라고 여겼고, 성정을 순화하고 민풍民風을 교화하며 치자治者에 보익補益할 수 있는 시를 높이 평가하였다. 이렇게 시를 통하여 도가 광포廣布되고 인심人心을 감화하게 하려면 도를 전파하는 역할에 충실해야 한다고 하였는데, 이는 주돈이周敦頤의 문학재도설文學載道說과 궤를 같이하는 것이다.

문학이 도를 근본으로 삼게 되면 자연히 문사文辭가 번다하고 화미華美해지는 것을 배격하게 된다. 《논어》에 '문사는 뜻을 전달하면 그뿐이다〔子曰 辭達而已矣〕'[2]라 하였으니, 이는 문사는 뜻을 전달하는 데에 그쳐야 하고 부려富麗하게 꾸며서는 안 된다고 본 것이다. 즉 지나치게 화미함에 가려져서 본의가 전달되지 않음에 이르러서는 안 된다는 것이다. 백운을 비롯하여 당시의 문인들이 문장이나 시의 의意를 강조한 것이 이 때문이었으며, 또한 달의達意를 위한 적절한 수식을 부정한 사람이 없음도 이 때문이었다.

그러나 의意(내용)와 어語(수식)를 함께 아름답게 조화시키는 것은 쉬운 일이 아니다. 함축된 의意가 심후하면 음미할수록 청신淸新한 감동을 느끼게 된다. 이렇게 함축과 여운을 내함內含하고 있어서, 말이 끝났는데도 뜻은 끝나지 않고, 뜻이 끝났는데도 맛이 끝나지 않은〔言盡而意不盡 意盡而味不盡〕 시, 즉 함축과 여운이 풍부한 시라야 좋은 시라는 것이다.

백운은 이 〈논시〉를 통하여 풍아風雅(《시경》)의 참 뜻은 백성의 뜻을 반영하고 풍속을 교화하는 것인데, 이러한 내실은 없이 외화外華와 수식修飾에만 치중하는 당시의 풍조를 개탄하면서,

내가 허물어진 기반을 다시 쌓으려 하나	我欲築頹基
아무도 조금도 돕는 이 없네.	無人助一簣

⋮

2) 이 말은 《논어論語》 〈위령공衛靈公〉에 보인다.

내가 하는 일이 또한 옳다 해도 自行亦云可
외로운 외침이라 남들이 비웃으리. 孤唱人必戱

(《후집》 권1, 〈논시論詩〉 中)

하여, 이러한 시풍詩風의 타락을 혼자서 아무리 막으려 해도 비웃음만 살 뿐 바로잡기가 어렵다고 하였다. 이 〈논시〉의 취지를 요약해보면, 온유돈후한 성정을 기르고 유교적 덕목을 발현하는 것이 시가 지향해야 할 목표이며, 이 목표의 실현이 어려우므로 시를 짓는 이들이 내실은 없으면서 외면만 화미하게 조탁하는 데 힘쓰게 되어, 이 때문에 시풍이 쇠미해지고, 이를 바로잡으려는 자신의 외로운 노력이 남의 비웃음만 사게 되었다는 것이다.

당시 고려의 시풍은 송시풍의 영향을 받은 것이었으므로, 이러한 사상도 송대宋代 문인들의 영향을 받은 것으로 볼 수 있다. 북송北宋의 강지强至는,

> 진실로 경전에 통할 수 있다면 성性은 참으로 밝아지고 문文은 심후 순박해질 것이고, 경전의 정신에 배치되는 문文은 꽃과 잎만 무성한 것과 같아서, 보는 자들이 좋아하기는 하지만 끝내 열매를 맺지 못하는 것과 같다.[3]

하였고, 백운이 깊이 존경했던 매요신梅堯臣도 시가 만약 도를 근

3) 강지强至, 〈상통판마태부서上通判馬太傅書〉(황계방黃啓方, 《북송대문학비평자료휘편北宋代文學批評資料彙編》, 성문출판사. p.173)

본으로 삼을 수 없다면, 이는 하나의 말단적인 기예에 불과하게 될 뿐이며, 도에 적합하게 할 수 있는 방법은 풍소지지風騷之旨(《시경》·〈이소離騷〉의 근본 경지)에 근거를 두는 데 있다고 하였다.[4)]

상술한 바와 같이 백운은 유학과 북송 문인들의 영향을 받아, 시는 《시경》〈대서大序〉에 기술된 시의 정신을 전범으로 하여 사문〔道〕을 부흥시키는 데 있다고 보고, 지나친 문식은 도를 해친다고 보았으며, 도를 문학의 근본으로 보는 이러한 백운의 문학관은 우리나라에 성리학이 전래된 후 심화된 재도적載道的 문학관의 선단先端을 연 것이라 할 수 있다.

유교적 문학관의 특징의 하나가 효용效用을 중시하는 것이다. 특히 치국과 교화에 큰 비중을 두어 시교詩教를 통해서 국민의 성정이 온유돈후해지기를 도모하고, 멀리는 군주를 섬길 수 있고 가까이는 부모를 잘 모실 수 있으며 부수적으로 조수 초목의 이름까지 많이 알 수 있고, 득실을 바르게 하고 천지와 귀신도 감동시킬 수 있는 것이 시의 공효라고 보았다.

사무사思無邪한 시는 감흥을 자아낼 수 있게 하고〔興〕, 풍속의 성쇠를 관찰할 수 있게 하며〔觀〕, 서로 어울려서 절차탁마할 수 있게 하고〔群〕, 지배층의 비리를 풍자할 수 있게 한다고〔怨〕 보았다. 즉 도덕적 순화라는 교화의 기능과 풍자를 통하여 치자治者를

---

4) 매요신梅堯臣, 〈답한자화한지국한옥여견증술지答韓子華韓持國韓玉汝見贈述志〉(황계방, 《북송대문학비평자료휘편》, p.108) 참조.

일깨우는 기능 등 유교적 이상의 실현에 기여하는 것이 시의 창작을 통하여 실현해야 할 목표라는 것이다.

이러한 문학효용론文學效用論은 백운의 문학사상에도 그대로 이어져서, 문학을 통하여 국격을 높이고 문화를 빛내려는 이문화국以文華國을 생의 목표로 삼게 되었다. 백운이 평생 동안 수불석권手不釋卷하며 제서諸書를 두루 섭렵하고 시문의 재능을 연마한 이유를,

> 한 번 한림원에 올라 붓을 잡고 군주의 말씀을 적은 초고를 살펴보고, 비칙批勅·훈령訓令·황모皇謨·제고帝誥를 지어 사방에 펼치는 것이 평생의 뜻이니, 이를 기어이 실현하고야 말겠습니다. 어찌 쩨쩨하게 약간의 봉록이나 타 먹으며 처자나 살리기를 도모하는 무리 속에 휩쓸릴 수 있겠습니까?
>
> (《전집》 권26, 〈상조태위서上趙太尉書〉)

하여, 문학의 재능을 인정받고 이를 통해 출세하여 군주를 보필하고 비칙·훈령·모고謨誥 등을 능숙하게 지어 천하에 널리 펼쳐서 백성을 교화하는 것을 평생의 목표로 삼았던 것이다. 그가 40세에 한림원에 입사入仕한 후 사망시까지 국가의 고문대책高文大策 및 외국과 교빙交聘하는 서표書表 등을 독담獨擔하여 문화창달, 국민교화, 외교 등에 능력을 발휘할 수 있었던 것이, 바로 그가 문학을 통하여 이루고자 했던 인생의 목표를 실현한 것이라고 볼 수 있다.

이는 문학 자체를 목적으로 보지 않고 치국과 교화의 수단으로 본 것이며, 이것이 바로 유교의 재도적 문학관의 필연적인 귀결이었다. 즉 문학은 치세의 득실을 살피고 권선징악에 이바지하는 역할을 해야 하며, 이런 역할을 하지 못하거나 이에 위배되는 문학은 무용지물로서 오히려 사회에 해악을 끼치는 것으로 보았다. 이렇게 민속을 교화하고 성정을 순화하는 것이 시의 공효라고 보았기 때문에, 외화外華와 수식修飾에 치중한 문학을 필연적으로 배격하게 된 것이다. 북송의 석개石介는,

> 정교하게 다듬고 아름답게 꾸미는 일은 그 근본을 잃게 하고, 부화浮華하게 치장하는 것은 그 참됨을 잃게 하여, 인의예악의 교화에 전혀 도움이 되지 않는다.[5)]

하였고, 백운도 전술한 〈논시〉에서 사문을 진흥시키고 국가에 보익하는 것이 문학의 목표라고 하였다. 문학은 국가에 보익할 수 있어야 한다고 생각한 사상이 발현된 그의 문장 몇 편을 살펴보자.

> 몸이 재상의 자리에 있으면서 도를 논하고 나라를 잘 경영한다는 명성도 듣지 못했고, 명색은 유신이라 칭하면서 모자란 것은 문장으로 나라를 빛내지 못한 것입니다. 이룬 일도 없이 봉

---

5) 석개石介, 〈상조선생서上趙先生書〉(황계방, 《북송대문학비평자료휘편》. p.117) "雕鎪篆刻喪其本 浮華緣飾喪其眞 於敎化仁義禮樂 則缺然無髣髴者"

> 록만 허비하여 처자들만 육식으로 길렀으니, 자신을 위한 이기적인 계책은 이루었다 할 수 있지만, 세상을 보익함에 무슨 유익함이 있었겠습니까. (《전집》 권31, 〈정유년걸퇴표丁酉年乞退表〉)

> 부허浮虛한 장구章句나 지을 만한 하찮은 기예를 가지고 조정의 핵심 요직을 담당하고 있으니, 이는 평화로운 시대에도 오히려 업무를 감내하기가 어렵습니다. 그런데 국가가 오랑캐의 침입을 수없이 겪고 있으므로 조정에서 적을 처리해 물리쳐야 하는데, 격문을 지어도 무지한 오랑캐들을 깨우치기에 부족하고, 제압해 승리할 지략도 없으면서, 헛되이 붓만 잡고 있으니, 앞일에 무슨 이익이 되겠습니까.
>
> (《전집》 권31, 〈이도걸퇴표二度乞退表〉)

하여, 문장으로 나라를 빛내고 오랑캐까지 감화시켜 내침한 적을 물리칠 수 있어야 문인으로서의 소임을 다한 것인데, 그런 역할을 하지 못한 것을 자신의 무능으로 돌리면서 치사致仕를 윤허해 달라고 빈 것이다. 즉 문인이 글을 짓는 목적 중에는 국가에서 필요로 하는 문장을 절묘하게 짓는 것도 포함된다고 본 것이다.

이러한 문학관은 후대에 관직에 오른 문인들에게도 공통적으로 나타나 있다. 백운 역시 문한文翰의 임무를 담당하여 능문能文의 문장가로 능력을 발휘했던 일을 영예로 인식하였고, 이를 사서史書에서도 찬양하였으니,

> 오랫동안 양제兩制를 맡고 있었는데, 그때에 몽고 군대가 국경에서 압력을 가하자, 이규보가 진정陳情하는 서표를 지어 보내니, 몽고 황제가 이 서표를 보고 감동하여 군대를 철수시켰다.
>
> (《고려사절요高麗史節要》 권16, 고종 28년 9월조)

라고 한 사평史評을 얻게 되었다. 백운 자신도 문한의 임무를 맡기를 간절히 원하였고, 그런 임무를 맡게 되면 매우 기뻐하였는데, 이는 자신의 인생목표를 이문화국以文華國에 두었기 때문이었다. 이에 문한의 임무를 맡지 못하게 되었을 때에는,

> 그렇다면 나라를 도우려는 뜻을 어디에서 이루고, 글을 읽은 노고는 어디에서 보상받으며, 백세百世에 전할 이름은 어디에 남길 수 있겠습니까. 이것이 제가 한밤중에 세 번씩이나 일어나 하늘을 우러러보며 크게 탄식하는 이유입니다.
>
> (《전집》 권26, 〈상최상국선서上崔相國詵書〉)

하였다. 어려서부터 수불석권하며 닦은 기능을 문한의 임무를 맡아 발휘하고, 이를 통하여 백세 후에도 이름을 남겨야 할 터인데, 이것이 이루어지지 않아 한밤중에도 몇 번씩이나 놀라 깨어 장탄식하게 되었다는 것이다.

백운은 우언 형식의 희문戱文을 지어 시의 공효에 대해 언급한 일이 있는데, 그것이 〈구시마문驅詩魔文〉[6]이다. 그 글에서 시의 공효功效를 다음과 같이 열거하였다.

첫째, 시는 미개한 인간을 문명인으로 만들기도 하고, 온갖 사악한 짓을 하도록 타락시키기도 한다고 하여, 시의 교화기능을 인정하는 동양의 전통적 시관詩觀을 수용하고, 시를 통하여 인의예악으로 인간을 교화해야 한다는 시교詩教를 강조하였다. 그러나 그릇된 시는 인간의 순수함을 잃게 하고 타락시키기도 한다고 하여, 시의 순기능과 역기능을 아울러 지적하였다.

둘째, 시가 은미하고 영묘한 천지와 일월의 이치를 밝혀놓았다고 하여, 시를 통하여 오묘한 진리를 탐구해 드러내야 함을 강조하였으니, 이는 황정견黃庭堅이 '문장은 이치를 위주로 하여 지어야 하니, 이치를 얻게 되면 글이 순조롭고, 문장이 자연히 무리에서 빼어나게 된다.〔文章以理爲主 理得而辭順 文章自然出群拔萃〕'라고 한 말[7]과 일치하는 견해이다.

셋째, 삼라만상의 온갖 아름다움을 남김없이 읊어놓았다 하여, 자연의 아름다움을 표현한 미美의 발현을 시의 공효로 보기도 하였다.

넷째, 시가 포폄·상벌·풍자 등의 기능을 가지고 있다 하여, 정치의 득실을 시에 반영하여 세교世教에 기여해야 한다고 하였다. 이러한 견해는 송조宋朝의 문인들에게서도 나타난다. 석개는 '정치의 득실이 왕왕 문장으로도 드러나나니, 그러므로 정치현상

---

6) 《전집》 권20, 〈구시마문 효퇴지송궁문驅詩魔文 效退之送窮文〉 참조.
7) 황정견黃庭堅, 〈여왕관부서與王觀復書〉(황계방, 《북송대문학비평자료휘편》, p.13) 참조.

을 반영하는 것 또한 문장의 큰 공로이다.〔政治之得失 又往往見於文章 故反映政治 亦文章之大功〕'[8]라 한 것이 그런 예이다.

다섯째, 좋은 시를 짓기 위해 작시자가 고심하느라 영육이 모두 여위기도 한다고 하였다.

백운에게 붙어서 어떤 경우에도 시를 짓지 않고는 견딜 수가 없도록 괴롭히는 시마詩魔를 쫓아내려 하자, 바로 그 시마가 당신이 기氣를 발현하여 웅장한 시를 짓도록 해주었고, 아름다운 수사로 시를 꾸밀 수 있게 해주었으며, 연이어 과거에 합격하도록 해주었고, 천지를 놀라게 하고 명성이 사방에 떨치도록 해주어, 고귀한 사람들이 모두 당신을 우러러보게 된 것이 바로 나의 덕을 입은 것인데 나를 내쫓을 수 있느냐고 항의하자, 시마의 말을 인정하고 다시 받아들였다는 것이다. 이 희문을 통하여 시가 인간을 교화하고 우주 만물의 오묘하고 은미한 이치를 밝혀주며 작시자의 명성을 드날리게 해준다 하였는데, 이는 유교적 문학관에 입각한 시의 효용론을 수용한 것이다.

2) 의·기론意·氣論

백운은 조비曹丕·유협劉勰·종영鍾嶸을 비롯한 중국 역대 시론가들의 영향을 받아서 시를 지을 때에 의意와 기氣를 중시해야 한다고 역설하였다.

---

8) 황계방,《북송대문학비평자료휘편》. p.19 참조.

문학작품이라면 청신淸新한 뜻〔意〕이 내함되어 있고, 이를 적절하게 발현하기 위한 수사의 운용이 조화를 이루어야 하므로, 시에서 의意가 중요함은 누구나 수긍할 수 있다. 그러나 시에 기氣가 살아있어야 한다는 데 대해서는 논란도 많고 그 논란이 명료하게 규명되지도 않았다. 즉 많은 시인 및 시론가들이 기에 대하여 언급했으나, 그 기가 무엇을 의미하고 시에서 어떤 역할을 해야 하는가에 대해서는 통일된 견해는 없다.

시에 있어서의 의와 기의 중요성에 대하여 우리나라 문인으로는 최초로 언급한 사람이 바로 백운이므로, 그가 이에 대하여 어떤 견해를 가지고 있었고, 이것이 당대의 다른 시인들의 견해와는 어떤 차이가 있었으며, 그의 문학작품에는 어떻게 반영되었는가를 살펴보자.

백운은 시의 요체를 의와 기로 보아서,

> 시는 의를 근본으로 삼는다. 시 속에 의를 설정하기가 가장 어렵고, 이를 문사로 엮어놓는 것은 그 다음의 일이다. 의는 또한 기로써 주主를 삼으며, 기의 우열로 말미암아 뜻이 심후한 시와 천박한 시가 있게 되는 것이다. 그러나 기는 천天에 근본을 두고 있어서 후천적으로 배워서 얻을 수 있는 것이 아니다. 그러므로 기가 열등한 사람은 문사를 아로새기는 것만을 공교롭게 여기고, 의를 앞세우는 일이 없다.
>
> 대체로 문장을 아로새기고 시구를 화려하게 꾸며놓게 되면,

> 진실로 아름답기는 하다. 그러나 심후한 의가 함축되어있지 않으면 처음 읽을 때에는 완상할 만하다가 거듭 저작咀嚼함에 이르면 맛이 이미 없어져버리고 만다.
>
> (《전집》 권22, 〈논시중미지약언論詩中微旨略言〉)

하였다. 훌륭한 시가 될 수 있느냐의 여부는 시 속에 심후한 의가 함유되어 있느냐의 여부에 달려 있고, 심후한 의를 함유한 시를 짓는 것은 뛰어난 기를 품고 있어야 가능한데, 바로 그 기는 배워서 얻을 수 있는 것이 아니요, 천天에 근본을 둔 것이라 하였다. 즉 의는 기를 주재함으로, 기가 우優하면 의가 심후해지고 기가 열劣하면 의가 천박해진다는 것이다. 그러면 이곳에서 백운이 말한 기는 무엇을 의미하는가. 기에 대한 자전적字典的 의미는 매우 다양하다. 그 가운데 문학과 연관 지을 수 있는 의미를 들어보면, '신체의 근원이 되는 생활력', '기상氣象', '질성質性', '우주의 만물을 생성하는 질료' 등을 들 수 있으며, 현대의 시론가들은 이를 '천분天分' 혹은 '재능'으로 보기도 하고, '선천적으로 타고난 기상', '생명력', '육체적 컨디션' 등으로 보기도 하며, 재능〔才〕과 담력〔膽〕과 식견〔識〕과 역량〔力〕을 합친 개념으로 보기도 한다.

백운은 기에 대하여 천에 근본을 두고 있다고 말했을 뿐, 기가 무엇을 의미하는지는 말하지 않았으나, 전후 문맥을 통하여 그가 말한 기가 생명력·창의력·기상 등을 포괄한 개념으로 볼 수 있을 듯하다. 그래서 표피만 자극하는 말단적인 기교에 용심用心하지 않고, 전인前人이 말하지 않았던 것을 말하고, 전인이 드러내지 않은 것을 드러내야 한다고 역설한 것이다. 즉 활달한 기상과 왕성한 생명력이 독창적 시의詩意를 호건심후豪健深厚하게 하여 좋은 시를 이루게 하고, 위축되고 섬약한 기상과 생명력으로는 의가 천박한 시 밖에 지을 수 없다고 본 것이다.

최자崔滋는 백운의 시에 대해 평하기를,

> 근자에 이학사 춘경의 시고詩稿를 얻어서 읽어보니, 경책警策이 될 만한 신의新意를 드러낸 시구가 매우 많았고, 장편시 가운데는 말구로 갈수록 그 기가 더욱 웅장해져서, 마치 탁 트인 거리를 전속력으로 달려가는 천리마를 길 가운데서 억지로 세워놓은 것 같았다. (최자, 《보한집補閑集》 제19화)

하였다. 탁 트인 대로를 전속력으로 달리는 천리마를 갑자기 멈추게 하였다면, 거친 숨을 내쉬며 앞에 있는 사람을 타넘고 내다를 듯한 기에 압도당하게 될 터인데, 백운의 장편시 속에 독자를 압도하는 이러한 웅장한 기가 내함되어 있다는 것이다. 이러한 기가 곧 백운이 의의 주재자라고 본 그 기이고, 백운이 시의 의를 중시했듯이, 그가 지은 시도 옛 시를 도습蹈襲한 것이 아니고 신의新意를 드러낸 시를 매우 많이 지었다는 것으로, 백운이 시론으로만 의와 기를 강조한 것이 아니고, 실제로 작시할 때에 이에 유념하여 신의를 창출하고 웅장한 기가 내함된 시를 짓고자 노력했음을 최자가 증명한 것이다.

백운보다 한 세대쯤 후세 사람인 이제현李齊賢도 시의 기를 중시하였으니,

> 산인山人 오생悟生(고려 무신집권기의 처사)은 〈황산강루시黃山江樓詩〉 낙구에 이르기를……라 하였고, 동파東坡는 〈어부사漁父詞〉에 이르기를……하였는데, 동파의 이 시는 마치 이광李廣(한대의 명장)이 오랑캐의 활을 빼앗아 시위를 한껏 당긴 채 아직 쏘지 않은 순간을 용면龍眠(송대의 화가 이공린李公麟)이 그려 놓은 것 같고, 오생의 시는 기병을 추격하여 쏘아 맞힌 상태를 그린 것과 같다. (이제현, 《역옹패설櫟翁稗說》 후집2)

하여, 소동파와 오생의 시 한 연씩을 예시하고, 이를 평하기를, 동파의 어부사는 용장 이광이 적진에 뛰어들어 오랑캐의 활을 빼앗아 시위를 한껏 당기고 쏘려는 찰나를 명화가의 솜씨로 절묘하게 그려 놓은 것과 같다 하여, 담력이 충만하고 팽팽한 긴장감을 자아내는 웅장한 기상이 이 시의 장처長處임을 강조하고, 오생의 시는 적의 기병을 추격하여 쏘아 맞힌 것과 같다고 하여, 일이 이미 끝났고 긴장도 풀려서 시 속에 함유된 기가 동파의 시보다 약화되었으므로 격이 떨어지는 시라고 본 것이다.

백운과 동시대 사람인 임춘林椿도,

> 무릇 문장을 지을 때에는 기를 위주로 해야 하는데, 여러 차

례 우환을 겪다보니 정신과 뜻이 황패荒敗해져서 기력이 쇠하여, 꾸벅꾸벅 졸고 있는 한 늙은 농부처럼 되었습니다.

(임춘, 《서하집西河集》 4, 〈여황보약수서與皇甫若水書〉)

하여, 작문은 기를 위주로 한다 하고, 자신은 여러 차례 우환을 겪다보니 정신과 의지가 황패해지고 기력이 쇠잔해져서 좋은 글을 지을 수 없게 되었다고 하였다. 즉 기가 약해지면 좋은 글을 지을 수 없다고 보았고, 기는 후천적인 환경에 의하여 강해지기도 하고 약해지기도 한다고 본 것이다. 그는 이어서 문장과 기의 관계에 대하여 주목할 만한 견해를 밝혀 놓았다.

글짓기의 어려움은 예부터 일컬어온 일이고, 배운다고 잘할 수 있는 것도 아니다. 지극히 강한 기가 심중에 충만하여 외모로 드러나고 말로 발현되게 되지만, 그런 과정을 스스로도 알지 못하는 것이다. 진실로 기를 기를 수 있다면 비록 붓을 잡고 이를 배우지 않는다 해도 문은 자연히 기이해질 것이다.

기를 기르는데 명산대천을 두루 열람하여 천하의 기문장관奇聞壯觀을 찾지 않는다면 흉중의 뜻을 넓힐 수가 없다. 이 때문에 소자유蘇子由(소철蘇轍)는 산은 종남산·숭산·화산의 높음을 보고, 물은 황하의 큼을 보고, 인물은 구양공(구양수歐陽脩)·한태위(한기韓琦)를 본 이후에야, 천하의 대관을 두루 보았다고 할 수 있다고 한 것이다. (임춘, 《서하집》 4, 〈상이학사서上李學士書〉)

하여, 지강至强한 기를 지닌 사람이라야 훌륭한 문장을 지을 수 있고, 후천적인 노력이나 환경에 따라 양기養氣와 상기喪氣가 가능하다고 보았으며, 이러한 문·기론文氣論은 소철蘇轍의 주장과 동일하다.

이와 같이 당대의 문인들 가운데 다수가 문에서의 기를 강조하였고, 이러한 경향은 송대 문인들의 영향을 받은 것이다. 진사도陳師道가 《후산시화後山詩話》에서 '영조무약寧粗無弱'이라 하여, 시가 차라리 조잡할지언정 기가 약해서는 안 된다고 하여, 송대 문인들이 한결같이 시의 기를 강조하였으며, 당시의 고려 시풍이 송 시풍을 따랐던 바와 같이, 문학론도 송의 영향을 받았던 것이다. 송 이전에도 맹자孟子는 '나는 호연지기를 잘 길렀다.〔我善養浩然之氣〕'라 하여 호연한 기를 기름이 중요함을 역설하였고, 조비曹丕는

> 문文은 기氣를 으뜸으로 삼는다. 지니고 있는 기가 청淸하냐 탁濁하냐 하는 것에는 본래의 바탕이 있어서 억지로 힘쓴다고 이르게 할 수 있는 것이 아니다. 이를 음악에 비유해 말한다면 곡도曲度가 비록 고르고 박자가 같다 해도, 기를 이끌어냄이 각기 달라서 교묘해지기도 하고 졸렬해지기도 함이 본래의 바탕대로 드러남이 있는 데 이르러서는 비록 부모가 지닌 것이라 해도 이를 자제에게도 옮겨줄 수가 없다.
>
> (조비, 《전론典論》 〈논문論文〉)

하여, 문학을 통하여 드러날 수 있는 기는 부모가 자식에게도 전해줄 수가 없다 하였다.

송대 문인들의 문학에서의 기에 대한 견해를 살펴보면, 하송夏竦은 '문은 기골氣骨로 주主를 삼는다.' 하였고, 유엄劉弇은,

> 그가 지니고 있는 기가 온전한 사람은 문사가 혼후渾厚하고, 그가 지닌 기가 약한 사람은 국속局束되어 비루하다.……'문장은 기로 주主를 삼는다.' 한 것이 어찌 헛된 말이겠는가. 공자孔子의 기는 천지를 두루하고 만변萬變에 적응할 수 있었으므로 육경에 쓸데없는 말이 없게 되었으며, 그 작은 예를 들어본다면 협곡夾谷에서 강한 제나라를 꾸짖어 굴복시키기에 족했던 것이다. 맹자는 천종千鍾의 녹을 겨자씨처럼 보고 안영晏嬰과 관중管仲을 소인으로 보았으며, 그것을 스스로 기르면 이른바 호연함이 있게 된다 하였는데, 그 때문에 그의 글이 후세에 남게 된 것이다.…… 기가 온전하지 못한 사람은 문장에 논리성이 부족하게 되는데, 이는 당연한 형세이다. (유엄, 〈상운판왕사봉서上運判王司封書〉)

하였으며, 소철蘇轍은,

> 나는 본래 문장 짓기를 좋아하고 있는데, 문文이란 기氣가 발현된 것이라고 생각한다. 그리고 문은 배운다고 잘 지을 수 있는 것이 아니지만, 기는 기르면 이르게 할 수 있는 것이다. 맹자가 '나는 호연지기를 잘 길렀다.' 하였는데, 지금 그 문장을 보면

관후굉박寬厚宏博한 기가 천지간에 충만해서 그 기가 큰 일에나 작은 일에나 모두 알맞는다. 태사공(사마천司馬遷)은 천하를 여행하며 명산대천을 두루 관람하고 연·조 땅의 호걸들과 교유했기 때문에, 그 문장이 소탕疏蕩하고 뛰어난 기상을 지니게 되었다. 이 두 사람이 어찌 이런 문장 짓기를 배워서 그렇게 된 것이겠는가. 그 기가 흉중에 충만하여 행위로 나타나서, 말로 드러나고 문장으로 발현된 것인데도, 바로 그가 지닌 기 때문에 그렇게 된 것임을 자신도 몰랐던 것이다.

(소철, 〈상추밀한태위서上樞密韓太尉書〉)

하였다. 즉 맹자·유엄·소철 등은 기를 후천적으로 양치養致할 수도 있고 저상沮喪되거나 위축되게 할 수도 있다고 보았으며, 양기養氣의 방법으로 맹자는 수양을 통한 내양內養을, 소철은 명산대천의 주람周覽과 천하호걸과의 교유 등 열력閱歷을 강조하였다. 그와는 반대로 조비는 기는 천부적인 것이므로 후천적으로 바꿀 수도 없고 배워서 얻을 수 있는 것도 아니라고 보았다. 고려의 문인 가운데 임춘은 전설前說을 따라서, 자신이 고난을 겪으면서 기가 저상되어 좋은 문장도 지을 수 없게 되었다 하였고, 백운은 기는 천에 근거를 둔 것이므로 배워서 얻을 수 있는 것이 아니라 하였다.

그러나 백운이 '기는 하늘에 근본하며 배워서 얻을 수 없다〔氣本乎天 不可學得〕'라고 했다 해서 후천적인 양기설을 부정한 것으로 보아서는 안 된다. 열력과 교유를 통하여 천심 속의 기를 길러서 이것이 자연스럽게 문장이나 시에 발현되도록 할 생각은 아니하고, 문장의 수식을 통하여 기를 드러나도록 하려는 잔재주나 배우려는 속된 시인들의 행태를 비판한 것으로 보아야 한다.

백운은 〈구시마문驅詩魔文〉에서 우경촉물遇景觸物하면 이를 시로 표현하지 않고는 견디지 못하는 자신의 성벽을 자신에게 시마가 붙어있기 때문이라 하면서, 그 시마가 그에게 '내가 그대의 기를 웅장하게 해주고 문사를 아름답게 꾸며 주었다.〔雄子以氣 飾子以辭〕' 하기에, 그 말에 승복하였다고 하였으니, 이는 후천적인 양기가 가능함을 인정한 것이다.

즉 '기는 하늘에 근본하며 배워서 얻을 수 없다〔氣本乎天 不可學得〕'라 한 '학學'을 철사지학綴辭之學으로 한정하여 해석해야 한다. 단순한 글짓기 공부만으로는 훌륭한 문장을 지을 수 없다고 한 것으로, 양기를 잘 하면 문文도 자연히 훌륭해진다고 본 것이다. 다시 말해 시를 지을 때에 조탁과 단청에만 용심用心해서는 웅장한 기상과 심후한 뜻을 지닌 시를 지을 수 없고, 열력과 교유 등을 통하여 기른 기가 의경意境을 직서直敍할 때에 시 속에 발현된다고 보았다. 이렇게 본다면 백운이 '웅자이기雄子以氣'라 한 것과 '기본호천氣本乎天 불가학득不可學得'이라 한 두 말이 일견 모순되는 듯하지만, 전혀 모순되는 말이 아님을 알게 된다.

2. 작시론

1) 작시단계론

백운은 심중에 시상이 일어서 이를 시로 드러내고 세상에 발표하기까지의 과정을 〈논시중미지약언論詩中微旨略言〉에 소상히 밝혀 놓았다. 시가 지어지기까지 마음속에서 일어나는 일과 이것이 일정한 형식을 지닌 시로 드러나기까지의 과정에 대하여 말하기를,

> 대저 시는 마음속에 일어난 뜻〔意·志〕을 주로 삼음으로, 뜻을 설정하기가 가장 어렵고, 이를 일정한 문사로 얽어놓는 것〔綴辭〕은 그 다음의 일이다.
>
> (《전집》 권22, 〈논시중미지약언論詩中微旨略言〉)

> 또한 문장이란 정情에 연유하여 발로된 것이므로, 마음에 자극을 주는 것이 있으면 반드시 언어나 시로 드러나는데, 이렇게 드러남을 막을 수가 없다.
>
> (《전집》 권27, 〈여박시어서서與朴侍御犀書〉)

하였다. 이는 심중에 시상이 일어서 마음이 움직이면, 이것이 마음 밖으로 발현되어 시가 되는데, 심의心意가 시화詩化하려면 철사綴辭의 과정을 거쳐야 하므로, 철사는 설의設意 다음의 일이어

서 '철사차지綴辭次之'라 한 것이다. 이는 《시경》 〈대서大序〉의

> 시란 마음속의 뜻이 움직여 이루어진 것이다. 마음속에 그대로 있으면 뜻〔志〕이 되고 언어로 발현되면 시가 되나니, 이는 정이 심중에서 움직여서 언어로 나타난 것이다.

한 말을 그대로 부연한 것이다. 시서詩序에서 '정情 · 지志'라 한 것을 백운은 '정情 · 의意'로 바꾸어 썼을 뿐이다. 시를 짓는데 설의가 가장 어렵고 철사는 그 다음의 일이라 하였는데, 이곳에서 말한 철사란 시를 짓기 위해 시상을 문자로 얽어놓는 과정에서, 자수字數 · 압운押韻 · 대장對仗 등을 맞추고 고사를 인용하거나 문사를 수식하는 일 등을 총칭한 말이다. 즉 시의 내용에 해당하는 시의를 독자에게 전달하고, 시의 형식을 갖추기 위한 모든 기법을 총칭하여 철사라 한 것으로, 설의와 철사는 어느 쪽도 빠뜨려서는 시가 이루어질 수 없는 작시의 양면인데, 순서상으로 설의가 앞서고 철사는 그 다음에 이루어진다고 한 것이다.

그러면 철사는 어떻게 해야 하는가? 백운은 이에 대하여,

> 자신이 먼저 압운押韻을 할 때에는 그 운이 뜻을 드러내는 데 방해가 될 것 같으면 운을 바꾸는 것이 옳다. 다만 화운和韻하는 시에서 만약 압운하기 어려운 부분이 있으면, 먼저 운을 안치할 바를 생각하고, 그런 후에 그 운에 뜻을 맞추어야 한다. 지어놓은 시구 가운데 대장對仗을 맞추기 어려워서 오랫동안 침영沈詠

> 해도 쉽게 얻을 수 없으면, 이미 지어놓았던 시구를 끊어 없애기를 아까워하지 않아야 마땅하다.……더러는 후구後句로 전구前句의 결함을 구제하게 되는 경우도 있고, 한 자를 잘 써서 한 구를 평안하게 할 수도 있으니, 이런 점을 생각하지 않을 수가 없다. (《전집》 권22, 〈논시중미지약언論詩中微旨略言〉)

하여, 아무런 제약이 없는 상태에서 시를 지을 때에는 그 시에 넣기로 마음먹었던 운韻이 시의와 맞지 않으면 운을 바꾸어야 한다고 하였다. 즉 의와 운이 서로 맞지 않으면 운을 바꾸어야 한다는 것으로, 이는 시의 형식의 일부인 운보다 내용이 되는 뜻이 더욱 중요하다고 본 것이다. 남이 이미 지은 시의 운에 맞추어 시를 지어야 하는 화운시는 시의에 맞는 운자를 고르기 어려운 험운이면, 앞의 작시방법과는 반대로 운이 온당한가를 먼저 생각하고, 뜻을 거기에 맞추어야 한다고 하였다.

타인의 시에 화운하는 경우에는 '압운을 먼저 하고 뜻을 설정하는 것을 다음으로 한다〔押韻爲先 設意次之〕' 하여, 일반적인 작시 단계와는 반대되는 과정을 제시하였다. 근체시는 수련首聯과 말련末聯을 제외한 모든 연의 출구出句와 대구對句가 대장對仗을 이루어야 하는데, 출구를 완성한 후에 아무리 침음沈吟해도 대우對偶가 떠오르지 않으면, 이미 지어놓은 출구를 아깝다고 여기지 말고 과감하게 버린 후에 처음부터 다시 생각해야 한다 하였고, 한 연의 양구兩句 가운데 대구를 절묘하게 지어서 출구의 결함을 보완하게 되는 경우도 있고, 한 자를 잘 안치하여 한 구 전체를 빛나게 할 수도 있으므로, 일자 일구도 소홀히 할 수 없다고 하였다.

이것이 작시에 있어서 압운押韻·대장對仗·구상構想·조자措字 등을 어떻게 해야 하는가를 밝힌 백운의 철사론綴辭論이다.

설의와 철사의 과정을 거쳐서 시가 완성되었다 해도 이를 곧바로 발표해서는 안 되고, 타인의 평도 들어보고, 시병詩病이 될 만한 부분은 없는가 거듭 퇴고推敲를 해보아서 자실疵失을 발견할 수 없게 되었을 때에 세상에 내놓아야 한다고 하였다.

> 내 시의 결함을 말해주는 사람이 있으면 기쁜 일이다. 그가 해준 말이 옳으면 받아들이고 옳지 않으면 내 뜻대로 하면 될 뿐이니, 어찌 반드시 충고를 듣기 싫어하기를 마치 임금이 간언을 거절하듯이 하여, 끝내 자신의 허물을 깨닫지 못하고 지낼 필요가 있겠는가. 무릇 시가 이루어지면 반복하여 살펴보기를 마치 자신이 지은 것이 아니고 다른 사람이나 평생 매우 미워하는 사람이 지은 시를 보듯이 하여, 그 결함을 부지런히 찾아도 결함을 알지 못하게 된 이후에야 그 시를 세상에 내놓아야 한다.
>
> (《전집》 권22, 〈논시중미지약언論詩中微旨略言〉)

하여, 타인의 비평을 어떤 자세로 수용할 것이며, 시의 퇴고는 어떤 자세로 해야 하는가에 대하여 매우 교훈이 될 만한 말을 하였다. 타인의 비평을 고맙게 여기고 열린 마음으로 겸허하게 받아들이되, 비평 가운데는 옳은 것도 있고 그른 것도 있으므로 이를 수용하느냐 않느냐는 스스로 설정한 기준에 맞추어 결정하면 된다 하고, 자만심이 지나쳐서 결점을 지적받으면 마치 그릇된 군주가 간언을 내치듯이 하며 끝내 결함을 바로잡지 못하는 사람도 있는데, 이는 온당한 자세가 아니라 하였다.

또한 시가 이루어지면 곧바로 세상에 내놓지 말고, 스스로 객관적 입장에서 퇴고를 반복하면서 하자를 찾아내고자 하기를 평소 미워하는 사람이 지은 시에 앙심을 품고 그 결점을 찾아내듯이 해야 하고 그렇게 하였는데도 자실을 발견할 수 없게 된 이후에야 세상에 내놓아야 한다 하였다.

이처럼 백운은 마음속에 뜻[意]이 생기는 설의設意단계부터 철사綴辭를 거쳐 시가 완성된 후에도 반복하여 퇴고를 하고, 타인의 평도 들어본 후에, 결함을 찾을 수 없으면, 비로소 세상에 내놓아야 한다고 하여, 작시하여 이를 세상에 내놓기까지의 과정을 매우 합리적 객관적으로 서술하였다. 한편 '지금까지 말한 것은 시에만 해당하는 것이 아니고 문도 또한 그렇게 지어야 한다. 시와 문은 또한 하나의 법칙이 적용된다.' 하여, 지금까지 서술한 작시론은 작문론에도 그대로 적용할 수 있다고 보았다.

2) 신의론新意論과 용사론用事論

작시에서 철사綴辭의 한 방법으로 시 속에 고사故事를 인용한 것을 용사用事라 한다. 즉 시에 고인의 명名이나 관직이나 고인이

나 고서에 쓰인 말이나 고인의 사적 등을 한두 글자로 압축하여 인용하는 것을 용사라 한다. 일부 학자들이 고려시대 문인들 가운데 신의新意를 강조한 사람과 용사를 강조한 사람과의 대립이 있었던 것으로 보기도 하나, 전인前人이 드러내지 못했던 신의로 독창적인 시를 창작하고자 하는 것은 어느 시대 어느 시인이나 동일하므로, 이런 견해는 부당하다.

백운이 신의를 강조한 일이 있기는 하나, 이것이 용사와 맞세워서 한 말은 아니다. 전이지全履之가 당대에 백운만이 고인을 도습蹈襲하지 않고 조어들이 모두 신의에서 나와서 사람들의 이목을 놀라게 한다고 찬양한 편지에 대답하기를,

> 나는 어려서부터 방랑무검放浪無檢하여 책을 읽어도 정독을 하지 않았으므로 육경과 자사子史등을 대강 섭렵하기는 하였으나 그 근원을 끝까지 궁구하지는 못하였으니, 더구나 제가諸家의 시문들이야 더 말할 것이 있겠는가. 그 글을 숙독하지 않고서 그 문체를 본받고 그 어휘를 표절할 수 있겠는가? 이러했으므로 어쩔 수 없이 신어新語로 시를 지을 수밖에 없었다.
>
> (《전집》 권26, 〈답전이지논문서答全履之論文書〉)

하여, 자신이 신의로 독창적인 시를 지은 것이 어려서부터 경서·사서·제자 등의 글을 비롯하여 문인들의 시문을 정독하지 않고 대강 섭렵만 했을 뿐이므로, 이에 수록된 것을 그대로 따서 시를 지을 수 없어서, 어쩔 수 없이 신어로 창출하게 되었다고 겸손하

게 말했지만, 이 말을 전적으로 수긍할 수는 없다. 백운이 시 속에도 각종 전적과 제가의 문집에서 시상詩想이나 시어詩語를 끌어다 쓴 것이 이루 매거枚擧할 수가 없을 정도로 빈번하게 나타나며, 그 자신도 다른 곳에서는 이를 인정하고 자랑하기도 하였다.

그가 작시를 위한 용사의 자료를 얻기 위하여 얼마나 노력했는가를 보면, '각종 전적을 두루 섭렵하여 그 정화를 따다가 문사를 아름답게 꾸미는 방편으로, 즉 용사의 도구로 삼지 않은 것이 없고, 적시에 응용할 준비, 즉 용사를 위한 준비로 삼지 않은 것이 없다.'[9]한 데서 알 수 있다. 즉 자신의 생각을 시문으로 적절하게 표현하기 위한 용사의 준비가 남보다 광범했기 때문에, 특정 문인의 문풍만을 따를 필요가 없었으며, 이런 점이 독서의 범위가 협소한 사람들의 눈에는 신의와 신어로 창작하는 것처럼 보였고, 이를 칭찬하자 스스로도 이를 수긍한 것이다. 이에 최자도 백운이 창출신의할 수 있는 것은 경經과 사史와 백가百家의 서 속에 있는 꽃답고 향기롭고 아름다운 정화를 두루 열람했기 때문에 가능하게 된 것이라 하였다.[10]

앞 절에서 고구考究한 〈논시〉에서 백운은 어語와 의意가 쌍미雙美한 시라야 좋은 시가 되기 때문에 작시가 어려운 것이라 하여, 시에서의 의意와 어語를 다 같이 중시하고, 설의設意를 표현한 어語가 원숙하지 못하면 시가 난삽해져서 의意를 옳게 펼칠 수 없

9) 《전집》 권26, 〈상조태위서上趙太尉書〉 참조.
10) 최자, 《보한집補閑集》, 제46화 참조.

게 된다고 하였다. 의意를 적절하게 표현하기 위한 어語는 세련된 시어여야 하며, 이러한 시어는 선대 시인들에 의하여 이미 정교하게 다듬어진 말들로, 이런 말들 속에는 용사가 다수 포함되기 마련이므로, 용사의 배격이란 있을 수가 없고, 백운도 물론 용사를 배격한 일이 없다.

이렇게 보면 백운이 신의를 강조한 이유가 분명해진다. 당시의 고려 시풍이 외화外華와 모방模倣에 치우쳐서 시의 본지를 드러내는 데에 소홀하였기 때문에 이를 바로잡고자 한 것일 뿐, 용사를 배격한 일은 없었다.

3. 문학격조론

백운이 풍격이 높다고 본 시와 풍격이 떨어진다고 본 시와 그 작자들을 살펴보면, 백운이 어떤 시를 격조格調가 높은 시로 보았는가가 드러난다.

백운은 개성이 있고 독특한 의경意境을 그려낸 작품을 높게 평가하였다.

> 옛날 이고李翶가 말하기를 "육경六經의 문사는 뜻을 새롭게 하고 그에 맞는 말을 만들 때에 모두가 서로 모방한 일이 없이 독창적으로 표현했기 때문에, 《춘추春秋》를 읽을 때에는 《시경詩經》이라는 별도의 좋은 글이 있음을 느끼지 못하게 되고, 《시경詩經》을 읽을 때에는 《역경易經》이라는 별도의 좋은 글이 있음을 느끼지 못하게 된다.……시에 성률聲律을 적용하기 시작한 이래로 근고의 시인들을 말한다면, 당대의 진자앙陳子昻·이백李白·두보杜甫…… 같은 이들은 기세가 웅장하고 자유롭고 활달하여, 하수河水와 회수淮水를 기울이고 큰 바닷물을 쏟아내듯이 호방하고 용맹한 기세로 내달리지 않은 이들이 없지만, 어느 한 사람도 선배인 모인의 문체를 본받거나 그 골수를 빼내어 자신의 시로 삼은 사람이 있었다는 말을 들어본 적이 없다.……그렇게 각기 독자적인 일가를 이루어서, 배와 귤의 맛이 서로 다르나 입에 맞지 않음이 없는 것과 같게 되었다. (《전집》 권26, 〈답전이지논문서答全履之論文書〉)

하였다. 즉 일가一家를 이룬 문인은 각기 자기식의 글을 지었고, 남의 글을 모방한 일이 없다 하여 독창성과 개성을 중시하였다.

위로는 공자·맹자·순자·양웅으로부터 당대唐代의 초당사걸初唐四傑 및 이백·두보 등과 송대宋代의 왕안석·사마광·구양수·삼소(소순·소식·소철)·매요신 등이 모두 자기의 개성에 맞는 독자적인 시문을 지었던 바와 같이 스스로 일가를 이루도록 노력해야 하는데, 요즈음 사람들은 한결같이 소동파의 시체詩體만을 효방하려 한다고 개탄하고, 옛 시인들은 남의 시문을 그대로 답습踏襲하는 일이 없어, 뜻이 새롭고 시구는 원숙했는데, 이는 경·사·백가와 옛 성현의 말씀에 훈도되어 부영賦詠할 때에 이를 익숙하게 상작商酌하여 활용했기 때문이라 하였다.

즉 깊은 수양과 광범한 학식을 지니고 있으면 개성에 맞는 독창적인 시문을 창작할 수 있다고 하고, 만약 타인의 시문을 답습만 한다면 이는 남이 새겨놓은 글씨를 탁본하는 것과 같아서 지묵紙墨만 허비할 뿐 세상에 도움이 되지 않는다고 본 것이다.

백운은 시는 독창성과 함께 심후한 뜻이 함유되어 있어야 한다고 보았다. 뜻이 심후하여 거듭 저작咀嚼해보아도 맛이 다함이 없이 무궁한 시를 격조가 높은 시로 보았고, 조루단청雕鏤丹青의 외식外飾만을 일삼은 시는 처음 읽을 때에는 맛이 있는 듯하지만 거듭 저작해보면 맛이 이미 다 없어져버린다 하였다. 즉 시는 여운을 풍부하게 함축하고 있어서 말이 끝났는데도 뜻은 끝나지 않고, 뜻이 끝났는데도 맛이 끝나지 않아야〔言盡而意不盡 意盡而味不

盡〕 한다고 본 것이다.

백운의 시론·시평·시일화 등을 모아놓은 《백운소설白雲小說》에, 정지상鄭知常이 '사원에 독경소리 그치자 하늘빛은 맑기가 유리같도다〔琳宮梵語罷 天色淨琉璃〕'라고 읊자, 김부식金富軾이 그 시구를 빼앗으려 했다는 일화가 수록되어 있는데,[11] 빼앗으려 한 이유는 김부식이 도저히 지을 수 없을 정도로 산사의 고요함을 절묘하게 표현했기 때문이라고 보아야 할 것이다.

산사는 본래 적막 고요한 곳인데, 그 적막을 깨는 것이 있다면 이는 산승山僧의 독경소리뿐이다. 그런데 그 독경소리마저 멎어서 천지가 정지한 듯한 적막을 느끼게 하는 것이 출구의 함의이다. 대구對句에서는 이렇게 적막할 때에 하늘에 구름이라도 한 점 떠 있으면 적막감이 그래도 조금 풀릴 것인데, 하늘마저 구름 한 점 없이 유리처럼 맑아서 정적감이 더욱 배가되도록 하여, 적막감이 점층적으로 심화되도록 구성하였다. 이렇게 이미지가 함축되어 무한한 여운을 느끼게 하는 시를 격조가 높은 시로 보았으므로, 한 번 읽으면 그 의미가 모두 드러나고 맛이 이미 다해서 더 읽을 필요가 없게 되는 시는 격조가 낮은 시로 본 것이다.

이 시구 속에 고요하다든지 적막하다는 말은 한 마디도 없으면서 이를 언외言外로 절묘하게 드러내고 있다. 이렇게 미묘한 정신세계를 시로 표현하자면 비유를 통하여 상징적으로 표현하지

11) 《백운소설》 제7화 참조.

않고는 불가능하며, 시어가 일상적인 의미만을 그대로 드러내서는 안 되고 이중 삼중의 의미를 가지고 미묘하고 복잡한 뜻을 드러내야 하며, 이런 요건을 완벽하게 갖춘 시구가 바로 정지상의 이 시구라고 본 것이다.

백운이 시에서의 함축을 중시한 예를 하나 더 들어보면,

> 내가 전에 매요신(자字 성유聖兪)의 시를 읽고 마음속으로 대수롭지 않게 여겨 옛사람이 그를 시옹詩翁(시의 종장宗匠)이라 부른 이유를 이해할 수 없었는데, 이제 다시 열람해보니 겉으로는 연약한듯하나 속에 단단한 뼈대를 품고 있어서, 참으로 시들 가운데 빼어나다 할 수 있으니, 이러한 매요신의 시를 제대로 이해한 후에야 시를 아는 자라고 말할 수 있다.
>
> (《전집》 권21, 〈논시설論詩說〉)

하여, 거듭 읽을수록 함유된 깊은 뜻(단단한 뼈대)을 느낄 수 있는 시를 높이 평가하고, 자신이 이를 깨닫는 데 오랜 기간이 걸렸다 하여, 이런 시를 바르게 이해하려면 장기간의 수련을 통한 높은 안목이 있어야 한다고 보았다. 외모는 부드러운 듯하면서 속에 골경骨鯁을 품고 있는 시는 직설적인 표현보다는 고도의 은유를 구사한 경우가 많으므로 수사修辭상의 노련한 능력이 필요하게 된다. 《보한집補閑集》에서도 이러한 시의 이해가 어려움에 대하여,

> 문안공(유승단兪升旦)이……또 말하기를 '지극히 오묘한 말은

오래 저작해보아야 맛을 알게 되고, 비근한 작품은 한 번 보면 곧 기뻐진다. 배우는 사람이 글을 볼 때에는 숙독을 하고 깊이 사고해서 내함內含된 뜻을 터득하는 경지에 이르기를 기약해야 마땅하다.' 하였고, 문순공(백운)은, '전에 내가 구양공집(구양수 문집)을 보고 그 풍부함을 사랑했는데, 두 번째 보고서야 그 가처佳處를 알게 되었고, 세 번째 보고서야 손을 맞잡고 탄복함에 이를 수 있었다.……' 하였다. (최자, 《보한집》, 제46화)

하여, 지극히 오묘한 시는 거듭 반복해 저작咀嚼해봐야 그 언외지의言外之意를 터득할 수 있게 됨으로, 시를 읽을 때에는 숙독하고 심사深思하여 함의를 터득하고 여운을 느끼도록 노력해야 한다 하였다. 백운이 구양수의 문집을 처음 읽을 때에는 내용이 풍부하다고만 느꼈는데, 두 번째 읽고 나서야 그 가처佳處를 알게 되었고, 세 번째 읽고서야 그 문장의 높은 경지에 탄복해서 두 손을 맞잡고 존경하게 되었다 한 것은, 바로 심오한 함의가 담겨 있어서 거듭 읽을수록 그 깊은 경지를 깨닫게 되는 시라야 좋은 시라고 본 것이다.

그러나 시 속에 함유된 높은 경지를 이해하는 일은 쉬운 일이 아니어서 많은 수련이 필요하다. 백운 자신도 노경에 이르러서야 고인이 시를 평한 의미와 맛을 자세히 이해하게 되어, 마음에 와 닿지 않는 것이 없게 되었다 하면서, 사영운의 '지당생춘초池塘生春草'구만은 아직도 그 참맛을 이해할 수 없다고 하여, 격조 높은 시를 이해하기가 얼마나 어려운 일인가를 자신의 체험을 통하여 실토하기도 하였다. 지시지난知詩之難에 대하여 최자는,

> 대체로 공(백운)이 젊어서 깊은 생각이 없이 붓을 휘저어 급작急作한 주필시走筆詩로 세속의 시체詩體에 가까운 작품은 사람들이 돌려가며 필사하여 암송하지만, 노후에 한가히 읊조리며 곰곰이 사려하여 지은 높은 경지의 시는 그 맛을 즐기는 사람이 드물다. 이를 통해보아도 시를 이해한다는 것이 어렵고도 어려운 일임을 알게 된다. (최자, 《보한집》, 제46화)

하여, 백운의 시도 심오한 뜻이 함유된 격조 높은 시는 이해하는 사람이 드물고, 젊은 시절에 지은 시속時俗에 영합하는 급작急作 즉흥시卽興詩는 좋아하는 사람이 많다고 하여, 시의 참맛을 알기가 얼마나 어려운 일인가를 밝혀놓았다.

백운은 매요신의 시와 함께 도연명 시의 염담화정恬淡和靜함을 최고의 풍격으로 극찬하였다.

> 도잠陶潛의 시는 무욕하고 담박하고 온화하고 고요해서, 문왕의 송시를 타는 비파의 주현朱絃과 소월疏越이 부드럽고 느린 소리를 내지만 한 번 그 타는 소리를 들으면 세 차례나 탄복하게 되는 것과 같다. 내가 그런 시체詩體를 본받고자 하나 끝내 엇비슷하게도 지을 수 없으니, 내 능력이 더욱 가소로움을 느끼게 될 뿐이다. (《전집》 권21, 〈논시설論詩說〉)

하였다. 즉 도연명 시의 장처長處가 무욕하고 담박하고 온화하고 고요함〔恬淡和靜〕에 있다 하여, 시의 진미가 은은히 스며나와 거듭 잔잔한 기쁨을 느끼게 하는 시를 최고의 경지에 이른 시로 보고, 자신도 이를 본받고자 하나 도저히 미칠 수가 없어서, 스스로 생각해보아도 자신의 시인으로서의 능력이 가소로울 뿐이라 한 것이다.

이렇게 격조가 높은 시는 꾸밈이 없지만 아름답고〔質而實綺〕 메마른 듯하지만 속으로는 살이 쪄서〔癯而實腴〕 외면만 공교롭게 꾸며 중인들의 떠들썩한 찬양을 받는 시와는 달리, 홀로 고요히 앉아 곰곰이 생각해보면 내함된 깊은 뜻이 이해되고 머리가 끄덕여진다는 것이다. 백운은 이렇게 도연명 시를 높이 평가하여 찬탄과 존경을 표하는 시를 짓기도 하였다.

> 내가 도연명을 사랑하는 것은　　吾愛陶淵明
> 시어가 맑고 순수해서이네.　　吐語淡而粹
> ⋮
> 도에 합당한 지극한 말은 꾸밈이 없는 법이니　　至言本無文
> 어찌 아로새김을 일삼는 데 세월을 허비하리오.　　安事雕鑿費
> 자연에서 나온 평이하고 조화로운 말들　　平和出天然
> 오래 음미할수록 심오한 맛을 느끼게 되네.　　久嚼知醇味
>
> (《전집》 권14, 〈독도잠시讀陶潛詩〉)

하여, 도연명의 시가 평담平淡·무문無文·화평和平·천연天然함을 사랑하고, 조착雕鑿을 일삼지 않는 도연명은 순수한 태고시대의 백성처럼 인간의 본성을 그대로 지킨 사람이라고 높이 평가하였다.

백운은 백거이의 시를 특히 좋아하여 백거이의 시에 화운한 시를 많이 지었고, 노후에는 항상 《낙천집樂天集》을 옆에 두고 살았으며, 낙천시의 특징에 대하여,

> 백공白公의 시를 읽으면 입에 껄끄럽게 걸리는 일이 없고, 그 문사가 평이·담담·화평하여, 마치 직접 대면해서 자세히 일러 주는 듯하다. 비록 당시의 일을 보지 못하였으나 직접 본 것처럼 상상할 수 있으니, 이 또한 일가의 시체詩體이다. 옛사람 중에 백공의 시를 매우 천근하다 하여 섭유옹囁嚅翁(수다스러운 늙은이)으로 지목한 사람도 있는데, 이는 필시 시인들이 서로 경멸해서 한 말일 뿐이니, 어찌 그럴 리가 있겠는가.
>
> (《후집》 권11, 〈서백락천집후書白樂天集後〉)

하여, 낙천시를 좋아함은 평담平澹·화이和易해서라고 하였다. 백운이 낙천시樂天詩를 좋아한 다른 이유도 있으니, 두 사람의 노후 생활과 지향점이 일치했던 것도 하나의 이유가 되었으리라고 본다.

백운은 이백이 격외어格外語를 구사하여 자유분방한 시를 지은 것으로 보아, 적선謫仙이라 별호를 지어준 하지장賀知章의 말이 맞

는다 하였고, 이백과 두보의 시는 웅번熊膰 표태豹胎와 같아서 사람의 입에 맞지 않음이 없으며, 그 명성이 뇌정성두雷霆星斗와 같아서 그 빛을 바라보고 그 소리에 놀라지 않는 사람이 없다고 하였으며, 소동파는 근세 이래로 부섬호일富贍豪逸한 시를 짓기에 뛰어나다고 하였다.

우리나라 시인의 시로는 을지문덕의 〈유수장우중문遺隋將于仲文〉시를 구법句法이 기고奇古하고 기려조식지습綺麗彫飾之習이 없다고 찬양하였고, 신라 진덕여왕이 당 고종에게 보낸 〈태평송太平頌〉(강수强首의 작作으로 전해짐)을 고고웅혼高古雄渾하여 초당初唐의 제작諸作에 비하여도 손색이 없다고 높이 평가하였으며, 혜문선사惠文禪師는 산인체山人體에 익숙하여 유치자재幽致自在한 시를 지었다 하였다.

한편 풍격이 청경清警·웅호雄豪·연려研麗·평담平淡한 시를 두루 지을 수 있어야 어느 한 시체詩體로 그 시인의 한계를 정해 비난받게 됨을 면할 수 있다고도 하였다. 또한 억지로 노력해서 지은 시는 궁기窮氣가 배어 있어서 좋지 않고, 정서가 자연스럽게 감발하여 자신도 모르게 지어진 시, 즉 자연히 유로流露한 시를 높이 보았다. 백운이 그렇게 지어진 시를 자랑하기도 하였으니,

> 만경萬景이 넋을 자극하자 정서가 저절로 감응하여, 시를 지을 생각을 하지 않았는데도 나도 모르게 시가 저절로 지어졌다.
>
> (《전집》 권23, 〈남행월일기南行月日記〉)

하였다. 그러나 이렇게 시가 자연유로自然流露하는 경지에 이르려면, 그 이전에 작시를 위한 깊고 광범한 수련이 이루어져야 가능하게 된다.

지금까지 기술한 것을 종합해보면, 백운은 작자의 개성이 드러난 독창적인 시, 심후한 뜻을 지닌 시, 여운과 함축이 풍부하여 말이 끝났는데도 뜻은 끝나지 않고, 뜻이 끝났는데도 맛이 끝나지 않는 시, 염담화정恬淡和靜하고 질이실기質而實綺하며 구이실유癯而實裕한 시, 평이담담平易淡淡한 시, 자유분방한 시, 부섬호일富贍豪逸한 시, 고고웅혼高古雄渾하고 주매경준遒邁勁俊한 시, 유치자재幽致自在한 시 등을 격조가 높은 시로 보았다 하겠다.

제3장

백운의 시 세계

제3장 백운의 시 세계

1. 백운의 삶과 시

백운이 남긴 《동국이상국집》 53권에는 시뿐만이 아니고 문에도 명편이 많고, 특히 그가 밝힌 시론은 후세에 많은 주목을 받았다. 그러나 본서에서는 그의 문학을 시 위주로 고찰하고자 한다.

백운은 시재를 천부적으로 타고났으면서, 일생동안 수많은 시련을 겪었고, 고관대작의 지위도 누렸으므로, 이런 것들이 바탕이 되어, 인생을 깊이 관조한 주옥같은 명시를 다수 창작할 수 있게 되었다.

백운이 살았던 고려 후기는 송시풍宋詩風 가운데도 소동파의 시풍이 풍미했던 시기이다. 백운도 그 시풍의 영향을 받아서, 기상이 호방하고 내용이 다양하며, 시어의 아속雅俗을 가리지 않고 적절하게 섞어 쓰면서, 독창적인 시를 창작하고자 힘쓰고, '나는 고인어古人語를 도습蹈襲하지 않고 신의新意를 창출하였다.'라고 자부하였다.

그는 '청경淸警 · 웅호雄豪 · 연려姸麗 · 평담平淡한 시를 고루 지을 수 있어야, 어느 한 시체詩體로 이름이 한정되어 비판받는 것을 면할 수 있다.'[1] 라고 주장하며, 여러 경향의 시를 모두 연마하여 제체諸體에 두루 능하였으며, 작은 사물의 묘사나 큰 세계의 표현에 두루 성공하였고, 각 분야의 시에 두루 명작을 남겼다. 만년에는 백락천의 시를 즐겨 애송하며 백락천의 시에 차운한 시를 즐겨 짓고, 시풍도 낙천시풍을 효방하였다. 이는 백운의 인생역정과 만년에 처했던 처지가 백락천의 인생역정과 유사하였고, 시詩·주酒·금琴을 혹애하는 취미 및 불교와 노장에 몰입했던 것 등이 모두 동일하였으며, 무위자연의 경지에서 염담恬淡한 한적시閑適詩를 즐겨 지으면서, 이를 평이한 시어로 표현하고자 노력했던 점 등도 모두 두 사람이 동일했기 때문이었다. 이렇게 본다면 백운의 시는 학소學蘇로 입문하여 효백效白으로 마쳤다고 말할 수 있다.

백운은 자신이 지은 시가 팔천여 수쯤 된다 하였는데, 이렇게 말한 때가 그가 사망하기 10여 년 전이고, 그 후에도 사망 직전까지 일기를 쓰듯이 거의 매일 시를 지었으므로, 아마도 그가 평생 지은 시는 일만 수는 되었으리라고 생각된다. 그 가운데 여기저기 흩어졌던 시들을 수집하여 문집에는 이천여 수를 수록하였다. 그 가운데 본장에서는 몇 수만을 골라 감상해보고자 한다.

〈크게 취해 주필시를 지어 동고자에게 보여주다〉

나는 옛적에 어느 곳에 있었던가 　　我昔在何處

---

1) 《전집》 권22, 〈논시중미지약언論詩中微旨略言〉 참조.

젓대소리 울리는 까마득한 천상의 궁전이었지. 笙簫宮殿有無中
천국의 풍악소리에 꿈이 한창 달았는데 鈞天廣樂夢正酣
누가 나를 끌어내어 속세를 밟게 하였나. 何人引我踏塵紅
대지도 내 발을 받칠 수 없고 大地不能載我足
태산도 내 가슴 채울 수 없다. 泰山不足呑吾胸
훨훨 털고 천지 밖으로 벗어나야겠네 軒然要出六合外
천지 사이는 수레로 모두 다닐 수 있으니까. 六合之內轍皆窮
아득한 언덕 보이지 않는데 茫茫丘隴不可望
고금의 영웅들 무어 따질게 있으리오. 今古忍理龍虎雄
바다 가운데 있는 저 봉래산은 蓬萊山在海中央
벽옥을 빼어다가 누가 녹여 만들었나. 碧玉秀出知誰鎔
그대 먼저 가면 나도 곧 뒤쫓으리니 君先去我當繼
천선·지선·수선을
어찌 가릴 게 있으리오. 何必論天仙地仙水僊宮

(《전집》 권10, 〈대취주필시동고자大醉走筆示東皐子〉)

이 시는 젊은 시절 과거에 급제했으나 임용해주지를 않자, 불의와 비리로 충만한 사회에서 벗어나 환상적인 완전 자유를 누리고 싶은 욕망을 나타낸 것이다. 태산에 올라 천하를 작게 보는 마음으로, 우주의 어디에도 얽매이지 않고, 인적이 미치지 않는 우주 밖의 환상의 세계에서 노닐고 싶은 심경을 읊은 것이다. 이의민李義旼이 집권하면서 온갖 부정과 불의를 자행하고, 지방에서는 민란이 빈발하여 혼란이 극에 달했던 시기에 열혈청년 이규보는 관리의 임용이나 승진이 뒤죽박죽이 된 사회현실에 실망하고, 그 불만을 술로 해소하며, 속세 밖에서 노닐려는 뜻을 이렇게 시화詩化한 것이다.

이렇게 모순과 불의가 넘쳐나고, 백운 자신도 그 피해를 입게 되자, 압제받는 하층 민중의 곤고가 눈에 들어와, 그들에 대한 무한한 동정심이 일기도 하였으니, 집권자들에게 혹심한 수탈을 당하는 농민에 연민의 정을 느껴 이를 시로 표현하기도 하였다.

〈농부를 대신해 읊다(두 수)〉

비 맞으며 이랑에 엎드려 김을 매니 帶雨鋤禾伏畝中
검고 추한 형용이 어찌 사람 모습이랴만 形容醜黑豈人容
왕손 공자들이여 깔보지 말라 王孫公子休輕侮
그대들의 부귀와 호사가
우리에게서 나오느니라. 富貴豪奢出自儂

햇곡식 익지 않아 이랑에 그대로 있는데 新穀青青猶在畝
고을 아전들 벌써부터 조세 거두려 성화일세. 縣胥官吏已徵租
힘써 농사지어 나라를 부유케 함이
우리들의 덕택인데 力耕富國關吾輩
어찌 이다지도 극성스레 침탈하는가. 何故相侵剝及膚

(《후집》 권1, 〈대농부음代農夫吟(이수二首)〉)

이 시에서 전야田野에 파묻혀 추하고 검어진 형편없는 몰골로 농사를 짓고 있는 농부가 바로 왕손공자들의 부귀와 호사를 뒷받침해주고 있는 계층인데도, 곡식이 채 익기도 전부터 관리들의 조세 독촉에 시달리니, 국부의 원천인 농부들을 이렇게 괴롭혀서는 안 된다고 주장하며, 혹리酷吏들에게 시달리는 농부에 대한 무한한 동정심을 표시하였다. 이는 과거에 급제하고도 발신發身하지 못하고 있는 자신의 처지와 맞물려 동병상련의 심경을 드러낸 것으로 볼 수도 있다.

이 밖에 시인의 청정무구한 진성眞性이 발현된 시도 몇 편 살펴보자.

〈우물 속의 달을 읊다〉

산속의 스님 달빛이 탐이 나서	山僧貪月色
병 속에 아울러 길어 넣었네.	幷汲一甁中
절에 돌아와 이를 깨닫고	到寺方應覺
병을 기울이자 달 또한 사라졌네.	甁傾月亦空

(《후집》 권1, 〈산석영정중월山夕詠井中月(이수二首)〉)

샘으로 물을 길으러 간 승려가 우물 속에 비친 달을 보고 탐이 나서 물과 함께 병속에 길어 넣었다. 그 후 돌아오는 길에 이를 잊고 있다가 절에 돌아와서야 다시 이를 깨닫고, 병속의 물을 쏟아내었으나 달은 이미 사라져 찾을 수가 없었다는 것이다. 흔히 좋은 시는 어린이가 읽으면 동요가 되고, 젊은이가 읽으면 철학을 느끼며, 늙은이가 읽으면 인생이 함축된 달관을 느끼는 시라고 말한다. 이 시가 바로 이런 요건을 완벽하게 갖춘 시로서, 백운의 시는 대부분이 느낌을 직서한 부체賦體인데 반하여, 이례적으로 여운과 함축과 상징성이 풍부한 시이다.

승려가 벗어나고자 하는 것이 바로 탐욕과 분노와 어리석음을 뜻하는 탐진치貪瞋癡의 삼독三毒이다. 그런데 모든 애집愛執에서 벗어나고자 출가한 산승이 월색을 탐하고 있다. 그러나 스님이 탐하는 것은 속인들이 탐하는 이욕利慾이나 일락逸樂이 아니고 우물 속에 비친 월색이다. 또한 그의 탐심은 물을 길을 때에 잠시 일어났다가 절로 돌아오는 길에는 이미 잊었으며, 절에 이르러서야 다시 깨닫고, 병을 기울이자 병 속에 보이던 달 또한 사라졌다는 것이다.

이곳에서 말한 월색은 불도를 깨우치기 위한 상징적인 화두로서, 공계空界를 깨닫게 하기 위하여 제시한 것이다. 절 밖 우물 속에 있던 월색月色을 물병 속에 담아 왔는데 절로 돌아와 꺼내려 하니 공空으로 변했다는 것은, 불도를 깨우치기 이전에 느끼고 탐하던 모든 현상계, 즉 색계가 불도를 깨닫고 나면 일체개공一切皆空으로 돌아감을 상징한 것이다. 즉 《반야심경般若心經》에서 강조한 색즉시공의 철리를 오언절구 20자로 응축해놓은 것이다. 이 시의 매구 말자末字를 차례로 나열하면 '색중각공色中覺空'이 된다. 곧 색계 속에서 공계를 깨달았다는 것이 되니, 시어의 포치

布置가 절묘하다.

시인의 천진한 성정이 드러난 시 한 편을 다시 보자.

〈초여름에 우연히 본 일〉

등거리 바람으로 바람 통하는 난간에
대자리 깔고 누웠다가 輕衫小簟臥風欞
꾀꼬리 울음 두서너 마디에
꾸던 꿈이 끊겼네. 夢斷啼鶯三兩聲
빽빽한 잎에 가려진 꽃은
봄이 지났는데도 남아있고 密葉翳花春後在
엷은 구름에 햇살이 새어
비오는 가운데도 밝도다. 薄雲漏日雨中明

(《전집》 권2, 〈하일즉사夏日卽事〉)

이 시는 초여름에 격식에 얽매이지 않는 가벼운 옷차림으로 대자리에 누워 낮잠을 즐기다가 꾀꼬리 울음소리에 잠이 깨어, 눈앞에 전개된 풍경을 보고 읊은 즉흥시이다. 이 시의 전구轉句와 결구結句를 보면 초여름을 맞아 싱그럽고 무성하게 자란 잎 사이로 늦게야 핀 꽃이 보이고, 소나기가 내리는 가운데 다른 한 쪽은 햇살이 비추는 모습을 백묘수법白描手法(먹으로 선만 그리는 화법)으로 사실적寫實的으로 그려 놓은 풍경의 묘사가 절묘하여, 독자로 하여금 탄사를 금치 못하게 한다. 밝은 색채로 초여름의 정경을 그린 산뜻한 수채화를 대하는 듯 청정감을 느끼게 한다.

이 시에 등장하는 가벼운 적삼·작은 대자리·바람이 통하는 난간·꾀꼬리 소리·무성한 신록·그 사이에 남아있는 꽃·소나기가 내리는 데도 새어나오는 햇살 등이 모두 밝고 경쾌하고 밝고 얽매임이 없는 느낌을 갖게 한다. 이것을 바라보며 이렇게 그려낸 작자의 마음도 자연의 경개景槪와 그대로 융화되어, 세욕에서 벗어나 자연과 하나가 된 사무사思無邪의 순수함이 그대로 드러나 있다.

〈눈 내리는 가운데 벗을 찾아갔다 만나지 못하고〉

눈빛 종이보다 흰 곳에	雪色白於紙
채찍으로 내 이름을 써 놓았네.	擧鞭書姓字
바람에게 이르노니, 땅을 쓸어가지 말고	莫報風掃地
주인이 올 때까지 고이 놔두렴.	好待主人至

(《전집》 권8, 〈설중방우인불우雪中訪友人不遇〉)

이 시는 눈이 내리는 날 갑자기 친구 생각이 나서 먼 길을 말을 타고 찾아갔다가 친구가 출타하여 만나지 못하자, 문전에서 발길을 돌리면서 눈 위에다 말채찍으로 적어놓았다는 시이다. 이는 중국 동진의 왕휘지王徽之(자字 자유子猷)가 친구 대규戴逵를 보고 싶은 생각이 일어서, 눈이 내리는 산음山陰에서 천리 밖 섬계剡溪까지 배를 타고 찾아가서 그의 문전에 이르렀다가, 흥이 다하여 뱃머리를 돌렸다는 '자유방대子猷訪戴'의 고사를 연상하게 한다.

눈이 내리는 날 만나고 싶어서 찾아갔으나 만나지 못한 것을 그 친구가 알아도 좋고 몰라도 그만이다. 눈 위에 써 놓은 성자姓字는 남아 있어도 좋고 바람에 쓸려 없어져도 그만이다. 그저 잠시 보고 싶었을 뿐, 만나 보아야 딱히 할 말도 없다. 이런 마음의 경지를 그린 이 시는 기필期必함과 얽매임에서 벗어난 도우道友 사이의 청고淸高한 교유交遊의 경지를 드러낸 것이다.

〈성 밖 사원으로 가상인을 방문하여(벽 위에 쓰인 고인의 시운詩韻에 용운用韻하다)〉

고목나무 가의 쓸쓸한 암자	方丈蕭然古樹邊
감실龕室에 등 하나 향로도 하나	一龕燈火一爐煙
노승의 일상사 무어 물어볼게 있으랴	老僧日用何須問
객이 오면 청담 나누고 객이 가면 잔다.	客至淸談客去眠

(《전집》 권3, 〈방외원가상인訪外院可上人(용벽상고인운用壁上古人韻)〉)

이 시는 도성 밖 사원으로 가상인可上人(상인上人은 스님을 높여 부르는 말)을 방문했다가, 암자 벽에 쓰인 옛 시인이 지은 시의 운에 용운用韻하여 지은 것으로, 전혀 꾸밈이 없이 소박하게 자연의 참 모습대로 살고 있는 스님의 일상사를 나타내고 있다. 찾아오는 사람이 있으면 받아들이고 떠나는 사람도 막지 않듯이, 가상인은 객이 오면 오는 대로 함께 속사를 초월한 청담을 나누고,

객이 가면 다시 평상으로 돌아간다.

'객이 가면 잔다.' 한 것은 목석처럼 나 자신의 존재 자체도 의식하지 않는 망기忘己의 경지요 기심機心에서 벗어난 망기忘機의 경지로, 자연과 내가 하나로 융화되어 인위人爲가 개재할 수 없고 인간세계의 번요煩擾나 욕망이 끼어들 수 없는 한적하고 허정한 경지이며, 자아의식에서 벗어나 나를 자연에 맡기는 임자연任自然의 경지에서 소요逍遙하는 것이다.

이 시가 가상인이 도달한 임자연의 경지를 읊은 것이라면, 다음 시는 자신이 그런 경지에 도달하여 유유자적하며 지내고 있음을 그린 것이다.

〈다시 '신임초옥시'의 운에 차운하다〉

흥이 나면 거문고 어루만지다	寓興撫桐孫
마음 비우고 대숲은 바라보네.	虛心對竹君
깊은 숲속이라 까마귀도 새끼를 치고	林深鴉哺子
동산이 고요하니 새들이 무리를 부르네.	園靜鳥呼群
바위 위에 앉아 읊조리며 날을 보내고	坐石吟移日
창문 열고 누워서 지나가는 구름을 보네.	開窓臥送雲
속세의 시끄러운 소리가 지척에 있지만	塵喧卽咫尺
문 닫고 지내니 전혀 들리지 않네.	閉戶不曾聞

(《전집》 권10, 〈우차신임초옥시운又次新賃草屋詩韻〉)

이 시는 같은 제목으로 지은 다섯 수의 시 가운데 두 번째 시이다. 새로 세를 내고 빌어서 살게 된 초옥에서의 삶을 그린 것으로, 은둔생활과 세속에서의 삶은 산림과 도성이라는 지역적인 구분이 아니고, 마음을 어떻게 갖느냐의 문제인 것이다. 비록 세를 들어 사는 초가집이지만, 집안에 자그마한 정원을 만들고, 마음을 비우고 대숲을 바라보다가, 흥이 일면 거문고도 퉁겨 본다. 이미 허심의 상태인 무아의 경지에 이르러, 세사에 아무런 욕심이 없다.

그렇게 되자 새들도 그에게 기심이 없음을 간파하고, 두려움이 없이 모여들어 지저귀고 새끼를 친다. 세사에 얽매이지 않는 모습은 창 사이로 보이는 백운과 같다. 머물고 싶으면 머물고 떠나고 싶으면 떠나는 백운은 무애자재無碍自在한 자유의 상징이요, 그가 열어놓은 창은 마음의 창이다. 마음을 비우고 열어놓으면, 마음의 창을 스치고 지나가는 모든 세사世事를 뜬구름이 흘러가는 것을 보듯이 할 수가 있으므로, 그 사이에 애증이나 이욕이나 번민이 끼어들 여지가 없다.

이런 경지에 이른다면 굳이 홍진이 자욱한 속세를 피하겠다고 임천林泉을 찾을 필요도 없다. 속세의 시끄러움에 용심하지 않고 마음의 문을 청산백운을 향해 열어놓을 수 있다면, 내 몸이 어느 곳에 있든지 이미 나와 자연과의 융화가 이루어져서, 속세의 시끄러운 소리가 들리지 않게 되는 것이다. 이렇게 만유가 하나로 융화된 자연 속에 자신을 몰입시켜 합자연合自然하고자 하는 것이 바로 작자의 뜻이고, 백운이 도달한 궁극의 경지가 바로 이러한 세계였다.

2. 동명왕편東明王篇

백운이 우리 문학사상 최초라 할 만한 장편의 서사시를 지어 고구려 창국創國의 신이한 자취를 밝혀놓은 시가 바로 〈동명왕편〉이다. 이 시를 보자.

〈동명왕편東明王篇 병서幷序〉

세상의 많은 사람들이 동명왕의 신령하고 기이한 행적에 대하여 말하고 있어서, 비록 어리석은 남녀들이라 해도 또한 그 사실을 제법 설명할 수 있게 되었다. 내가 일찍이 그 이야기를 듣고 웃으면서 "옛 스승이신 공자께서 '괴이함·완력·어지럽힘·귀신

무용총舞踊塚 수렵도狩獵圖

에 관한 일〔怪·力·亂·神〕 등에 대하여는 말하지 않았다.'[2] 하셨는데, 이 동명왕에 관한 일은 진실로 황당하고 기이하고 이상한 일이니, 우리들이 얘기할 것이 못된다." 하였다. 그 후 《위서魏書》와 《통전通典》을 읽어보니, 그곳에도 이 사실이 등재되어 있기는 하였으나, 소략하고 자세하지 않았으니, 아마도 자기네 국내의 일을 자세히 적되 외국의 일은 소략하게 적으려는 뜻에서 그랬던 듯하다. 그 후 계축년 4월에 《구삼국사舊三國史》[3]를 구해서 〈동명왕본기東明王本紀〉를 읽어보니, 그 신령스럽고 기이한 자취가 세상 사람들이 말하는 것보다도 더욱 심했다. 그래서 또한 처음에는 믿을 수가 없어서 귀신의 허환虛幻한 일이라고 생각했다가, 세 차례를 거듭 탐독하고 음미하면서 차츰 그 근원을 탐구해보니, 허환한 기록이 아니고 곧 성스러운 기록이며, 귀신의 일이 아니고 곧 신령한 역사적 자취이었다. 더구나 나라의 역사를 적은 글은 사실을 그대로 적은 것이니, 어찌 함부로 허위 사실을 전했겠는가.

김부식 공이 국사國史(《삼국사기三國史記》)를 다시 편찬할 때에, 그 사실을 매우 소략하게 적어놓았는데, 아마도 공이 국사는 세상을 바로잡는 것을 목적으로 하는 책이므로, 크게 기이한 일을 후세에 보여주는 것은 옳지 않다고 여겨서, 이를 소략하게 적어

---

2) 《논어論語》 〈술이述而〉에 '子不語怪力亂神'이라 한 말이 보인다.
3) 《구삼국사舊三國史》: 김부식이 《삼국사기三國史記》를 편찬하기 이전에 있던 삼국三國에 대한 역사책으로, 현재 전해지지 않는다.

놓은 듯하다.

《당서唐書》〈현종본기玄宗本紀〉와 〈양귀비전楊貴妃傳〉에도 방사方士가 양귀비의 영혼을 찾고자 하늘에 오르고 땅속에 들어갔다는 일을 기록한 것이 없는데, 오직 시인인 백락천(백거이白居易)이 그 사실이 묻혀 없어지게 될까 두려워하여, 이를 노래(〈장한가長恨歌〉)로 지어서 기록해 놓았을 뿐이다.

저것(양귀비楊貴妃 사후死後의 일)은 실로 황당하고 음란하고 기이하고 허탄한 일인데도, 오히려 또한 이를 노래로 지어 읊어서 후세에 보여주려 하였는데, 더구나 동명왕의 사적은 신이한 변화로 많은 사람들의 눈을 현혹시키려 한 것이 아니고, 이는 진실로 나라를 창시한 신성한 자취인데, 이런데도 이를 기술해놓지 않는다면, 후인들이 장차 볼 것이 무엇이 있겠는가? 이 때문에 시(〈동명왕편東明王篇〉)를 지어 이를 기술하여, 우리나라가 본래 성인이 창국한 나라임을 천하의 모든 사람들이 알도록 하고자 한 것이다.

혼돈했던 우주의 원기가 음양으로 나누어지면서	元氣判沍渾
천황씨와 지황씨가 있게 되었네.	天皇地皇氏
머리가 열 셋과 열 하나로	十三十一頭
몸과 모습에 기이함이 많았네.[4]	體貌多奇異

4) 혼돈했던……많았네 : 《사기史記》〈삼황본기三皇本紀〉에, 우주가 천지로 나누어지자, 천황天皇과 지황地皇과 인황人皇이 나타나 다스리기 시작했

그 밖의 성스러운 제왕들의 사적도 其餘聖帝王
또한 경서와 사서에 갖추어 실려 있네. 亦備載經史
여절女節은 큰 별과 교감하여 女節感大星
이에 대호大昊 지摯를 낳았고, 乃生大昊摯
여추女樞는 전욱顓頊을 낳았는데 女樞生顓頊
또한 북두성의 광채와 교감해 낳은 것이네.[5] 亦感瑤光暐
복희씨伏羲氏는 천지 종묘 제사에
희생을 바치는 제도를 마련했고 伏羲制牲犧
수인씨燧人氏는 나무를 마찰시켜
불을 처음으로 이용했네. 燧人始鑽燧
명협蓂莢이 난 것은 요 임금 때에
상서로운 조짐이 나타난 것이고 生蓂高帝祥
곡식에 비가 내린 것은 신농씨神農氏 때에
상서가 나타난 것이었네.[6] 雨粟神農瑞

는데, 천황은 머리가 13개, 지황은 11개, 인황은 9개였다 하였다.

5) 여절女節은……것이네 : 《송서宋書》 〈부서지符瑞志〉에, 여절女節은 상고시대 방뢰씨方雷氏의 딸로, 황제黃帝의 비妃이고 제지帝摯의 어머니이다. 꿈에 큰 별이 무지개처럼 내려오는 것을 보고 그와 교감하여 소호小昊(지摯)를 낳았다 하였고, 여추女樞는 지摯의 아내로 역시 북극성이 번쩍이는 것과 교감하여 24개월 만에 아들을 낳았는데, 이가 바로 오제의 한 사람인 전욱顓頊이라 하였다.

6) 명협蓂莢이……것이었네 : 《죽서기년竹書紀年》에, 명협蓂莢은 요임금 때에 조정의 뜰에 돋아난 서초瑞草인데, 초하루부터 15일까지 한 잎씩 돋아나다가 16일부터 한 잎씩 져서 그믐이면 모두 말랐으므로, 이를 보고 월력月曆을 제정했다 하였고, 신농神農은 삼황三皇의 한 사람으로

푸른 하늘이 갈라진 것을 여와女媧가 기웠고	青天女媧補
홍수로 고통을 겪자 우禹 임금이 해결했네.[7]	洪水大禹理
황제黃帝가 하늘로 올라가려 하니	黃帝將升天
턱에 수염이 난 용이 스스로 이르렀네.[8]	胡髯龍自至
순박했던 태고시대에 일어났던 일들 가운데	太古淳朴時
신령하고 성스러웠던 자취는	
이루 다 기록하기 어려울 정도로 많았네.	靈聖難備記
후세에는 차츰 인정이 경박해져서	後世漸澆漓
풍속이 교만하고 사치스러워지자,	風俗例汰侈
성인이 간혹 나오기는 하였으나	聖人間或生
신령한 자취를 보인 일이 드물게 되었네.	神迹少所示
한나라 신작(한漢 효선제孝宣帝의 연호年號) 3년	漢神雀三年
맹하(4월)에 북두北斗가 동남방을 비출 때에	孟夏斗立巳

○ 한나라 신작 3년(B.C. 59) 4월 갑인일이다.

백성들에게 처음으로 농사법을 가르쳤다 하였다.

7) 푸른……해결했네 : 《사기史記》 〈삼황본기三皇本紀〉에, 공공씨共工氏가 축융祝融과 싸우다 패전하자, 분한 마음에 불주산不周山을 머리로 받아 하늘을 바치던 기둥이 부러져서 하늘이 갈라졌으므로, 여와씨女媧氏가 오색의 돌로 갈라진 하늘을 기웠다 하였다. 《사기史記》 〈하본기夏本紀〉에, 9년 동안 비가 내려 사람들이 살기 어렵게 되자, 우禹가 물길을 터놓고 치수를 잘 하여 백성의 고통을 해결했다 하였다.

8) 황제黃帝가……이르렀네 : 《사기史記》 〈봉선서封禪書〉에, 황제가 형산에서 동정銅鼎의 주조를 마치자, 턱에 수염이 난 용이 내려왔고, 황제가 이를 타고 승천했다 하였다.

해동의 해모수는 海東解慕漱
진실로 하느님의 아들이었는데, 眞是天之子

○ 동명왕본기東明王本紀에 이렇게 기록되어 있다.

부여왕夫餘王 해부루解夫婁가 늙어서도 자식이 없자 산천에 제사를 지내며 후계자를 낳게 해달라고 빌었는데, 타고 가던 말이 곤연鯤淵에 이르러 큰 돌을 보고 눈물을 흘렸다. 왕이 이를 괴이하게 여겨 사람을 시켜 그 돌을 굴리니, 개구리처럼 생긴 금빛이 나는 어린아이가 있었다. 이에 왕이

"이는 하늘이 내게 내려준 아들이다."

하고 거두어 길렀고, 이름을 금와金蛙로 짓고 태자太子로 삼았다. 이에 그의 재상 아란불阿亂弗이,

"일전에 천제天帝가 내게 내려와 '장차 나의 자손으로 이곳에 나라를 세우고자 하니 너희들은 이곳에서 떠나라.' 하였습니다. 동해 가에 있는 땅으로 가섭원迦葉原이라 하는 곳이 있는데 그 땅이 오곡五穀을 기르기에 합당하고 도읍으로 삼을 만합니다."

하며, 아란불이 왕에게 나라를 옮기기를 권하여 옮기게 된 나라의 이름을 동부여東夫餘라 지었다. 옛 도읍지에는 천제의 아들인 해모수解慕漱가 와서 도읍하였다.

처음 하늘에서 내려올 때에 初從空中下
자신은 다섯 용마가 끄는 수레를 탔고, 身乘五龍軌
따르는 자들 100여 인은 從者百餘人
고니를 타고 화려한 깃털 옷을 입었었네. 騎鵠紛襂襹

맑은 풍악소리 쨍그렁쨍그렁 요란하게 울리고　清樂動鏘洋
채색 구름이 뭉게뭉게 피어올랐네.　彩雲浮旖旎

○ 한나라 신작神爵 3년 임술년에 천제가 태자를 내려 보내서 부여왕의 옛 도읍지를 유람했는데, 이름이 해모수解慕漱였다. 오룡거를 타고 하늘에서 내려올 때에 따르는 사람 백여 인은 모두 백곡白鵠을 탔으며, 채색 구름이 그 위에 떠 있었고 구름 속에서 음악소리가 들렸다. 웅심산熊心山에 10여 일을 머물다가 비로소 내려왔는데, 머리에는 오우관烏羽冠을 쓰고 허리에는 용광검龍光劍을 차고 있었다.

옛날 이래로 천명天命으로 군주에 오른 사람들　自古受命君
누구인들 하늘이 내려준 것이 아니리오만은,　何是非天賜
한낮에 푸른 하늘에서 내려온 일은　白日下青冥
옛날 이래로 보지 못한 바이네.　從昔所未視
아침에 사람들이 사는 세상으로 내려와 지내다가　朝居人世中
저녁이면 하늘의 궁전으로 돌아갔네.　暮反天宮裏

○ 아침에는 국사를 처리하고 저녁이 되면 하늘로 올라갔으므로, 세상 사람들이 천왕랑天王郎이라 불렀다.

내가 옛사람들에게 들으니　吾聞於古人
푸른 하늘에서 땅까지의 거리가　蒼穹之去地
이억 만 팔천　二億萬八千
칠백 팔십 리라 하네.　七百八十里
사다리를 타고도 오르기가 어렵고　梯棧躡難升
날개 퍼덕이며 난다 해도 쉽게 지치게 될 터인데,　羽翮飛易瘁

아침저녁으로 마음대로 오르내렸으니 朝夕恣昇降
이러한 이치가 다시 어디에 있겠는가. 此理復何爾
도성의 북쪽에 청하青河가 있고 城北有青河

○ 청하는 지금의 압록강이다.

그 물을 다스리는 하백河伯의 세 따님이 어여뻤네. 河伯三女美

○ 첫째가 유화柳花이고, 둘째가 훤화萱花이며, 셋째가 위화葦花이다.

짙게 푸른 물결을 헤치고 나와서 擘出鴨頭波
웅심연熊心淵 물가로 가서 놀았네. 往遊熊心涘

○ 청하에서 나와 웅심연 가에서 놀았다.

쨍그렁쨍그렁 패옥 소리 울리며 鏘琅佩玉鳴
어여쁘고 얌전한 모습 꽃같이 아름다웠네. 綽約顏花媚

○ 신묘한 자태가 예쁘고 고왔으며, 차고 있는 여러 패옥들이 쨍그렁거리는 것이 한고漢皐의 선녀와 다르지 않았다.

처음엔 한고의 물가에서 놀던 선녀인가 했다가 初疑漢皐濱
다시 낙수의 여신(복비伏妃)이
모래톱에서 노니는 것인가 생각하였네. 復想洛水沚
왕인 해모수가 사냥을 나갔다가 그들을 보고 王因出獵見
눈짓을 하면서 매우 마음에 두었네. 目送頗留意
이는 곱고 아름다운 여인을 좋아해서가 아니고 玆非悅紛華
진실로 뒤를 이을 아들 낳기에 급해서였네. 誠急生繼嗣

○ 왕이 근신들에게 말하기를 “그녀를 얻어 왕비로 삼으면 후사後嗣를

둘 수 있겠다." 하였다.

세 여인들도 왕이 오는 것을 보고 三女見君來
곧 물속으로 들어가 피하였네. 入水尋相避
장차 궁전을 짓게 되면 擬將作宮殿
몰래 엿보다가 함께 와서 놀고자 했는데, 潛候同來戱
말채찍으로 땅을 한 번 그으니 馬撾一畫地
구리로 된 궁실宮室이 홀연히 우뚝 솟았네. 銅室欻然峙
비단 자리를 눈부시게 깔아놓고 錦席鋪絢明
황금 술잔에 따른 술 맛이 있었네. 金罇置淳旨
과연 사뿐사뿐 스스로 들어와 蹁躚果自入
술잔을 주고받다가 이내 곧 취하였네. 對酌還徑醉

○ 그 여인들이 왕을 보고는 즉시 물속으로 들어갔다. 왕의 측근들이, "대왕께서는 어째서 궁전을 지어 여인들이 방으로 들어오기를 기다렸다가 나가지 못하도록 문을 가로막지 않으십니까."

하니, 왕이 그렇게 여겨 말채찍으로 땅을 그으니, 한 순간에 구리로 된 궁실이 이루어져서 장엄하고 화려하였다. 방 안에 자리 셋을 마련하고 술을 준비하자 그 여인들이 각기 그 자리에 앉아 서로 권하며 마셔서 크게 취하였다.

왕이 바로 그 때에 나타나 가로막으니 王時出橫遮
놀라 달아나다 미끄러져 자빠졌네. 驚走僅顚躓

○ 왕이 세 여인이 크게 취할 때를 기다려 갑자기 나타나서 여인들을 막으니, 놀라 달아나다가 장녀인 유화가 왕에게 붙잡히게 되었다.

맏따님을 유화柳花라 하는데	長女曰柳花
이 여인이 왕에게 붙잡히게 되었네.	是爲王所止
하백이 크게 성이 나서	河伯大怒嗔
사신을 급히 달려가게 하여,	遣使急且駛
알리기를 "너는 어떤 사람이기에	告云渠何人
감히 멋대로 경솔하고 방자하게 구는가?"	乃敢放輕肆
이에 대답하기를 "나는 천제의 아들인데	報云天帝子
귀한 가문과 혼인을 맺기를 청하노라." 하였네.	高族請相累
하늘을 가리키자 용이 내려와 태우고는	指天降龍馭
곧바로 해궁海宮의 깊숙한 곳에 이르렀네.	徑到海宮邃

○ 하백이 대노하여 사자를 보내어 말하기를,

"너는 어떤 사람이기에 내 딸을 잡아두느냐?"

왕이 말하기를,

"저는 천제의 아들입니다. 이제 하백과 혼인의 인연을 맺고자 합니다."

하백이 다시 사자를 통해 말하기를,

"네가 만약 천제의 아들이고, 나에게 청혼을 하려 하는 사람이면, 마땅히 중매쟁이를 거쳐야 할 것이다.……그런데 이제 성급하게 내 딸을 억류해놓고 있으니 어찌 그다지도 예禮에 어긋난 짓을 하는가?"

하니, 왕이 부끄러워하며 하백을 찾아가 뵈려 하였으나 궁실에 들어갈 수가 없었고, 그 여인을 풀어주려 하였으나 여인이 그 사이에 왕과 정이 들어서 떠나려 하지 않으면서 왕에게 이렇게 권하였다.

"만약 용거龍車가 있으면 하백의 나라에 이를 수 있습니다."

이에 왕이 하늘을 가리키며 이 말을 알리니, 잠시 지나자 오룡五龍

이 끄는 수레가 하늘에서 내려왔다. 왕이 여인과 함께 그 수레를 타자 홀연 풍운이 일면서 하백의 궁실에 이르렀다.

이에 하백이 왕에게 이르기를 　　河伯乃謂王
"혼인은 중대한 일이어서 　　婚姻是大事
중매와 폐백의 교환 등
누구나 지켜야 할 법이 있는데, 　　媒贄有通法
어찌 그다지도 방자한 짓을 할 수 있는가? 　　胡乃得自恣

○ 하백이 예를 갖추어 맞이하며 자리를 잡고 앉자, 이렇게 말하였다.

"혼인할 때에 지켜야 할 도는 천하사람 모두가 지켜야 할 규범인데, 어찌하여 예법에 어긋난 행위를 해서 내 가문을 욕되게 하는가?"

그대가 상제의 아들이라면 　　君是上帝胤
신묘한 변화로 시험해보기를 청하노라." 하고, 　　神變請可試
일렁이는 푸른 물결 속에서 　　漣漪碧波中
하백이 변하여 잉어가 되니, 　　河伯化作鯉
왕이 즉시 수달로 변하여 　　王尋變爲獺
몇 걸음 가지 않아 즉시 잡아버렸네. 　　立捕不待跬
다시 두 날개를 돋게 하여 　　又復生兩翼
꿩으로 바뀌어 훨훨 나니, 　　翩然化爲雉
왕은 다시 신령한 매로 변하여 　　王又化神鷹
쳐서 잡기를 어찌 그리도 날쌔게 하였던가. 　　搏擊何大鷙
저쪽에서 사슴으로 변하여 달아나니 　　彼爲鹿而走
이쪽은 승냥이가 되어 뒤쫓았네. 　　我爲豺而趡

하백이 그가 신묘함을 지녔음을 알게 되자 河伯知有神
술을 마련하여 잔치를 열고 기뻐하였네. 置酒相燕喜
취하기를 기다려서 가죽 수레에 싣고 伺醉載革輿
딸을 수레 속에 함께 있게 하였네. 幷置女於輢

○ 수레의 곁을 의輢라 한다.

그로 하여금 그의 딸과 함께 意令與其女
천상에 같이 오르게 하려는 생각이었네. 天上同騰轡
그 수레가 물속에서 미처 나오지 않았을 때에 其車未出水
홀연 술에서 깨어 놀라 일어나서, 酒醒忽驚起

○ 하백河伯의 술은 7일이 되어야 깬다.

여인의 황금 비녀를 빼앗아 取女黃金釵
그것으로 가죽을 뚫고 그 구멍으로 빠져나왔네. 刺革從竅出

○ 출出자도 〈음을 '주'로 읽으면〉 운韻이 맞는다.

홀로 붉은 하늘을 타고 올라가서 獨乘赤霄上
아득히 멀리 떠나 다시는 돌아오지 않았네. 寂寞不迴騎

○ 하백이 "왕이 천제의 아들이라 하는데, 무슨 신령하고 기이함을 지녔는가?" 하니, 왕이 "오직 시험하는 바에 맞출 뿐입니다." 하였다. 이에 하백이 뜰 앞에 있는 물에서 잉어로 변하여 물결을 따라 노니, 왕이 수달로 변하여 이를 잡았다. 하백이 다시 사슴으로 변하여 달아나니, 왕이 승냥이로 변하여 뒤쫓았으며, 하백이 꿩으로 변하자 왕은 매로 변하여 이를 쳤다. 이에 하백이 진실로 천제의 아들이라고 여겨서, 예禮를 갖추어 혼인을 하게하고, 왕이 딸을 데려갈 마음이 없을까 두

려워서, 풍악을 베풀고 술을 마련해 왕에게 권하여 크게 취하게 하고서, 딸과 함께 작은 가죽 수레에 넣어서 이들을 용거龍車에 실었으니, 함께 하늘로 올라가게 하려 한 것이다. 그 수레가 미처 물에서 나오지 않았을 때에 왕이 곧 술에서 깨어나, 여인의 황금 비녀를 빼앗아 가죽 수레를 뚫고, 그 구멍으로 빠져나와 홀로 하늘로 올라갔다.

하백이 그 딸을 꾸짖으며　　河伯責厥女
입술을 당겨 3척이나 늘여놓고,　　挽吻三尺弛
곧 우발수優渤水 가운데로 추방하면서　　乃貶優渤中
다만 비복 두 사람만 주어 보냈네.　　唯與婢僕二

○ 하백이 그의 딸에게 크게 성을 내며,

"네가 나의 가르침을 따르지 않아 마침내 우리 가문을 욕되게 하였다."

하고, 좌우로 하여금 그녀의 입술을 묶어 잡아당기게 하니, 그 입술이 3척이나 늘어났으며, 노비 두 사람만 주어서 우발수優渤水 가운데로 내쫓았다. 우발優渤은 못 이름으로, 지금 태백산 남쪽에 있다.

어부가 물속을 보니　　漁師觀波中
기이한 짐승이 돌아다녔네.　　奇獸行駓騃
이를 금와왕金蛙王에게 고하니　　乃告王金蛙
쇠 그물을 솟구치는 물속으로 던졌네.　　鐵網投湀湀
그물을 당겨 돌 위에 앉아있는 여인을 얻었는데　　引得坐石女
얼굴 모습이 매우 위엄이 있었고,　　姿貌甚堪畏
입술이 길어서 말을 못하기에　　脣長不能言

세 차례나 잘라낸 후에야 입을 열었네. 三截乃啓齒

○ 어부 강력부추強力扶鄒가 아뢰기를,

“근자에 통발 속에 있는 고기를 훔쳐 가져가는 것이 있는데, 무슨 짐승인지 알 수가 없습니다.”

하니, 왕(금와왕金蛙王)이 어사를 시켜서 그물로 끌어내게 하였으나, 그 그물이 찢어져버렸다. 이에 다시 쇠 그물을 만들어서 끌어내어, 비로소 여인 한 사람을 얻었는데, 바위에 앉아있는 여인을 꺼낸 것이다. 그 여인이 입술이 길어서 말을 할 수 없었는데, 그 입술을 세 차례 잘라내자 비로소 말을 하였다.

왕이 해모수의 왕비임을 알아보고 王知慕漱妃
곧 별궁에 거처하게 하였네. 仍以別宮置
태양을 품어 임신해 주몽朱蒙을 낳으니 懷日生朱蒙
이 해가 계해년이었네. 是歲歲在癸
골상이 참으로 우뚝하게 뛰어났고 骨表諒崔奇
우는 소리 또한 매우 웅장하였네. 啼聲亦甚偉
처음엔 크기가 다섯 되만 한 알을 낳았으므로 初生卵如升
보는 이들이 모두 놀랐네. 觀者皆驚悸
왕은 이를 상서롭지 않은 일이라 여겨서 王以爲不詳
이것이 어찌 사람의 종류이겠는가 하였네. 此豈人之類
이를 마구간 안에 두니 置之馬牧中
여러 말들이 모두 밟으려 하지 않았고, 羣馬皆不履
이를 깊은 산 속에 버리니 棄之深山中

온갖 짐승들이 모두 옹위하였네. 百獸皆擁衛

○ 왕이 천제자天帝子의 비妃임을 알고, 이 여인을 별궁에 머물게 한 것이다. 그 여인의 품속으로 햇볕이 들어오자 그 때문에 임신을 하게 되었고, 신작神雀 4년인 계해년 4월에 주몽을 낳았는데, 울음소리가 매우 크고 골상이 뛰어나게 기이하였다. 처음 낳을 때에 왼쪽 겨드랑이로 알 하나를 낳은 것인데, 크기가 다섯 되〔五升〕 크기쯤 되었다. 이에 왕이 괴이하게 여기며,

"사람이 새처럼 알을 낳은 것은 상서롭지 못한 일이다."

하고, 사람을 시켜 마구간에 버리니, 여러 말들이 밟으려 하지 않았고, 깊은 산에 버리니, 여러 짐승들이 모두 보호해주었으며, 구름이 낀 날에도 그 알 위에는 항상 햇볕이 비추어 주었다. 왕이 그 알을 가져다가 어머니인 유화에게 보내어 기르게 하니, 마침내 알이 깨어서 한 사내아이를 얻게 된 것이다. 태어난 지 한 달이 지나지 않았는데도 하는 말이 모두 또렷하였다.

어머니가 거두어서 기르니 母姑擧而養
한 달이 지나자 말을 하기 시작했네. 經月言語始
스스로 말하기를 '파리가 눈을 빨아서 自言蠅噆目
누워 있어도 편안히 잘 수 없다.' 하였네. 臥不能安睡
어머니가 그를 위해 활과 화살을 만들어주니 母爲作弓矢
그 활이 헛맞추는 일이 없었네. 其弓不虛掎

○ 어머니에게 이렇게 말하였다.

"파리 떼가 눈을 빨아대어서 잠을 잘 수가 없으니 어머니께서 제게

활과 화살을 만들어주세요."

어머니가 나무 가지로 활과 화살을 만들어주자, 물레 위에 앉은 파리를 쏘았는데, 쏘는 족족 모두 맞았다. 이에 부여에서는 활 잘 쏘는 사람을 주몽이라 부르게 되었다.

나이가 들어 차츰 장대해지자	年至漸長大
재능이 날마다 점점 갖추어졌네.	才能日漸備
부여왕의 태자는	夫餘王太子
마음속에 시기심이 일었네.	其心生妬忌
이에 말하기를 '주몽이란 놈은	乃言朱蒙者
틀림없이 보통 사람이 아니니,	此必非常士
만약 일찍 도모하지 않는다면	若不早自圖
진실로 그 후환이 그치지 않을 것이다.' 하였네.	其患誠未已

○ 장대하게 된 나이에 이르자 재주와 능력을 아울러 갖추었다. 금와왕은 아들 일곱을 두었는데, 언제나 주몽과 함께 사냥을 하였다. 왕자들 및 따르는 사람들 40여 인이 겨우 사슴 한 마리를 잡았을 때에, 주몽이 혼자 쏘아 잡은 사슴이 여러 마리에 이르자, 왕자들이 주몽을 시샘해서 주몽을 잡아 나무에 묶어놓고 사슴을 빼앗은 후 가버리니, 주몽이 그 나무를 뽑아버리고 떠났다. 태자 대소帶素가 왕에게 말하기를,

"주몽은 신령스럽고 용맹한 장사로 눈초리가 보통 사람과 다르니, 만약 일찍 도모하지 않는다면 반드시 후환이 있게 될 것입니다." 하였다.

왕이 가서 말 기르는 일을 하라 하였으니 王令往牧馬
이로써 그의 뜻을 시험하고자 한 것이네. 欲以試厥志
스스로 생각하기를 '천제의 손자로서 自思天之孫
말이나 기르고 있으니 진실로 부끄럽다.' 하며, 厮牧良可恥
가슴을 어루만지며 항상 몰래 탄식하기를 捫心常竊導
'내 삶이 죽는 것만도 못하다.' 하였네. 吾生不如死
장차 남녘땅으로 가서 意將往南土
나라를 세우고 성시城市도 세우고자 마음먹었지만, 立國立城市
자애로운 어머니가 계시기 때문에 爲緣慈母在
이별하고 떠나기가 진실로 쉽지 않았네. 離別誠未易

○ 왕이 주몽에게 말을 기르도록 하여 그의 뜻을 시험하고자 한 것이다. 주몽이 마음속에 한을 품고 어머니께 말하기를,

"저는 천제의 손자인데, 남을 위해 말이나 기르게 되었으니, 사는 것이 죽는 것만 못 합니다. 남쪽 땅으로 가서 국가를 세우고 싶으나, 어머니께서 여기에 계셔서 마음대로 할 수가 없습니다."

하니, 어머니가 말하였다. 〈어머니의 말은 뒤에 나온다.〉

어머니께서 이 말을 듣고 其母聞此言
하염없이 흐르는 눈물을 씻으며 潸然抆淸淚
'너는 내 염려를 하지 말라. 汝幸勿爲念
나 또한 언제나 마음이 아프단다. 我亦常痛痞
장부가 먼 길을 가려면 士之涉長途
반드시 녹이騄駬(준마駿馬)에

의지해야 하느니라.' 하고, 須必憑騄駬
아들을 데리고 마구간으로 가서 相將往馬閑
곧바로 긴 채찍으로 말들을 때리자 卽以長鞭捶
말들이 모두 깜짝 놀라 달아나는데 羣馬皆突走
붉은 빛이 번쩍이는 한 필의 말이, 一馬騂色斐
두 길이나 되는 난간을 뛰어 넘으니 跳過二丈欄
이것이 준마임을 알게 되었네. 始覺是駿騎

○ 《통전通典》에 이르기를 '주몽이 그동안 타던 말은 모두 과하마果下馬(작은 말)였다.' 하였다.

몰래 이 말의 혀에 바늘을 꽂으니 潛以針刺舌
시리고 아파서 먹이를 먹지 못했네. 酸痛不受飼
며칠 아니 되어 몸이 매우 야위어서 不日形甚癯
곧 둔한 말과 같게 되었네. 却與駑駘似
그 후에 왕이 순행하며 돌아보고 爾後王巡觀
주몽에게 말을 주었으니 바로 이 말이었네. 予馬此卽是
그 말을 얻게 되자 즉시 바늘을 뽑아내고 得之始抽針
밤낮으로 거듭 잘 먹였네. 日夜屢加餧

○ 그 어머니가 이렇게 말하였다.

"이것이 내가 밤이나 낮이나 마음을 썩이는 일이다. 내가 들으니, '장사壯士가 먼 길을 가려면 반드시 준마에 의지해야 한다.' 하더라. 내가 준마를 고를 수 있다."

하고, 드디어 목마장으로 가서 곧 긴 채찍으로 어지럽게 말들을 때리자 여러 말들이 모두 놀라 달아나는데, 붉은 말 한 마리가 두 길이나 되는 담장을 뛰어넘었다. 이에 주몽이 그 말이 준마임을 알고 몰래 그 말의 혓바닥에 바늘을 꽂아 놓았다. 그 말이 혀가 아파서 물과 풀을 먹지 못하여 매우 야위게 되었다. 왕이 목마장을 순행하면서 여러 말들이 모두 살이 찐 것을 보고 크게 기뻐하며, 이어서 그 수척해진 말을 주몽에게 주었다. 주몽이 이 말을 얻게 되자, 꽂아놓았던 바늘을 빼내고 더욱 잘 먹여 길렀다.

비밀리에 세 어진 벗과 친교를 맺었으니 暗結三賢友
그 사람들은 모두 지혜가 많았네. 其人共多智

○ 오이烏伊 · 마리摩離 · 협보陜父 등 세 사람이다.

남쪽으로 떠나 엄체수에 이르러 南行至淹滯

○ 엄체淹滯는 일명 개사수盖斯水라고도 한다. 지금의 압록강鴨綠江 동북쪽에 있다.

건너려 하였으나 배가 없었네. 欲渡無舟艤

○ 건너고자 하였으나 배가 없었고, 추격하는 병사가 곧 이를까 두려워서, 이에 채찍으로 하늘을 가리키며 비감하게 탄식하기를,

"나는 천제의 손자이고 하백의 외손자인데, 이제 난을 피하여 이곳에 이르게 되었으니, 하늘의 신과 땅의 신이시여! 빨리 배와 다리를 마련해주소서."

이렇게 말을 마치고 활로 물을 치니, 물고기와 자라가 물속에서 떠올라와 다리를 놓아주어 주몽이 비로소 건널 수 있게 되었는데, 얼마 지나자 추격하는 군사가 이르렀다.

채찍을 잡고 푸른 하늘을 가리키며 秉策指彼蒼
비감하게 길게 탄식하면서, 慨然發長喟
"천제의 손자요 하백의 외손이 天孫河伯甥
난을 피하여 이곳에 이르렀는데, 避難至於此
이 외롭게 된 불쌍한 손자의 뜻을 哀哀孤子心
황천皇天과 후토后土께서
차마 버리려 하십니까?" 하고, 天地其忍棄
활을 잡고 강물을 치니 操弓打河水
고기들과 자라들이 머리와 꼬리를 나란히 이어서, 魚鼈騈首尾
우뚝하게 다리를 만들어주어 屹然成橋梯
이에 비로소 건널 수 있었네. 始乃得渡矣
잠시 후에 추격병이 이르러 俄爾追兵至
다리에 오르자 다리는 이내 무너져 버렸네. 上橋橋旋圮

○ 추격병이 강에 이르렀을 때에는 고기와 자라들이 놓았던 다리가 바로 없어져서, 그 다리 위로 올라갔던 군사들이 모두 물에 빠져 죽었다.

한 쌍의 비둘기가 보리를 물고 날아왔으니 雙鳩含麥飛
신모神母가 보낸 사자로 온 것이네. 來作神母使

○ 주몽이 작별할 때에 차마 떠나지 못하니, 어머니가,

"너는 이 어미 하나 때문에 걱정해서는 안 된다."

하고, 곧 오곡五穀의 종자를 싸서 보내주었는데, 주몽이 생이별하는 마음이 간절해서 그 가운데 보리 씨앗을 잊고 가져오지 못했다. 주몽이 큰 나무 아래에서 쉬고 있을 때에 비둘기 한 쌍이 와서 그 나무

에 앉자, 이에 활을 당겨 쏘아서 한 화살로 두 마리를 맞추어 떨어뜨리고 목구멍을 벌려서 보리 씨앗을 토해내게 하여 얻은 후에 물을 비둘기에게 뿜으니, 비둘기가 다시 살아나 날아갔다 하였다. 〈이는 수렵채집생활에 머물던 백성에게 주몽이 농경생활을 가르쳤음을 말한 것이다.〉

지세가 뛰어난 명당에 왕이 도읍지를 개창하니 形勝開王都
산천은 웅장하고 우뚝하였네. 山川鬱巋巋
스스로 띠로 엮은 자리 위에 앉아 自坐茀蕝上
군신의 자리를 대강 정하였네. 略定君臣位

○ 왕이 스스로 띠를 묶어 만든 자리 위에 앉아서 임금과 신하의 자리를 대강 정하였다.

딱하도다! 비류왕이여 咄哉沸流王
어찌하여 자신의 처지를 헤아리지 못하고, 何奈不自揆
신선의 후예임만을 고집스레 뽐내며 苦矜仙人後
천제의 손자가 귀함을 알아보지 못하였는가. 未識帝孫貴
다만 부용附庸으로 삼고자 할 뿐 徒欲爲附庸
말을 조심하거나 삼가지 않았네. 出語不愼葸
그려놓은 사슴의 배꼽도 맞추지 못하다가 未中畫鹿臍
우리 왕이 옥가락지 쏘아
깨트리는 것 보고 놀랐네. 驚我倒玉指

○ 비류왕 송양松讓이 사냥을 나왔다가 왕의 용모가 비상함을 보고, 불러서 함께 앉아 이렇게 말하였다.

"나라가 바다 모퉁이의 궁벽한 곳에 있어서 일찍이 군자를 만날 수가 없었는데, 오늘에야 우연히 만나게 되었으니 얼마나 다행한 일인가. 그대는 어떤 사람이며 어디에서 왔는가?"

왕이 대답하였다.

"과인은 천제의 손자이고 서국西國의 왕이다. 감히 묻노니 군왕은 누구의 후손인가?"

송양이 말하기를,

"나는 선인仙人의 후손으로 대대로 왕으로 있었다. 지금 지방이 지극히 작아서 땅을 나누어 두 왕을 둘 수가 없다. 그대는 나라를 세운 지가 오래되지 않았으니, 나의 부용국附庸國〔屬國〕이 되는 것이 좋겠다."

하자, 왕이,

"과인은 천제의 뒤를 이은 사람인데, 지금 그대는 신의 자손도 아니면서 억지로 왕이라는 칭호를 지니고 있으니, 만약 나에게 몸을 의탁하지 않는다면 하늘이 반드시 죽일 것이다."

하였다. 송양은 왕이 여러 차례 천손이라 칭하는 말을 듣고 내심으로 이를 의심하여, 그의 재능을 시험하고자 하였다. 이에,

"왕과 활쏘기 시합을 원한다."

하고, 백보도 안 되는 곳에 사슴을 그려놓고 이를 쏘았으나 그 화살이 사슴의 배꼽을 맞추지도 못하였으면서도 오히려 손을 늘어트리고 힘들어 하였다. 왕이 사람을 시켜서 옥가락지를 백보가 넘는 곳에 두고 이를 쏘아서 깨트리기를 기왓장을 부수듯 하니, 송양이 크게 놀랐다.

와서 고각鼓角이 오래 되어 색깔이 변한 것을 보고 來觀鼓角變
감히 내 물건이라고 말하지 못하였네. 不敢稱我器

○ 왕이,

"나라를 새로이 창업하다보니 고각을 비치하여 위의를 갖출 수가 없어서, 비류의 사자가 왕래할 때에 내가 왕의 예법에 맞게 맞이하고 보내고 할 수가 없으니, 그런 까닭으로 나를 얕잡아 본다."

하니, 시종 부분노扶芬奴가 이렇게 말하였다.

"신이 대왕을 위하여 비류국에 있는 고각을 가져오겠습니다."

하였다. 왕이,

"다른 나라가 감추어둔 물건을 네가 어떻게 가져오겠느냐?"

하니, 이렇게 대답하였다.

"이것은 하늘이 준 물건이니, 어찌 가져오지 못하겠습니까. 대왕께서 부여에서 곤고를 겪으실 때에 대왕이 이곳에 이르러 왕이 될 것임을 그 누가 예측했겠습니까. 지금 대왕께서 만 번 죽게 된 땅에서 몸을 떨쳐 나오셔서, 요수遼水 동쪽에서 명성을 드날리고 계신데, 이는 천제가 명해서 하시는 일이니, 무슨 일인들 이루지 못하겠습니까?"

하고, 이에 부분노 등 세 사람이 비류국에 가서 고각을 가져왔다. 이에 비류왕이 사자를 보내어 항의하였다. 왕이 그들이 와서 고각을 보고 자기네 것이라고 주장할까 두려워서 색깔을 오래된 것처럼 어둡게 칠해 놓으니, 송양이 감히 자기의 것이라고 다투지 못하고 돌아갔다.

찾아와 궁실을 받친 기둥이 오래 되었음을 보고　來觀屋柱故
말을 못하고 도리어 부끄러워했네.　咋舌還自愧

○ 송양이 나라를 세운 선후를 따져서, 먼저 세운 나라가 왕이 되고 늦게 세운 나라가 속국이 되게 하고자 하니, 왕이 궁실을 지을 때에 썩은 나무로 기둥을 세워서 천년을 묵은 것처럼 하였다. 송양이 와서

이를 보고, 드디어 감히 나라를 세운 선후를 다투지 못하였다.

동명왕이 서쪽 땅을 순수巡狩할 때에 東明西狩時
우연히 눈처럼 흰 색의 고라니를 얻었네. 偶獲雪色麂

○ 큰 사슴을 궤麂(고라니)라 한다.

해원의 언덕 위에 그 고라니를 거꾸로 매어놓고서 倒懸蟹原上
스스로 큰 소리로 저주하기를 敢自呪而謂
"하늘이 비류에 비를 내리게 하여 天不雨沸流
그 도읍과 지방을 물에 잠기게 하지 않으면 漂沒其都鄙
내가 너를 풀어주지 않을 것이니 我固不汝放
너는 내 분한 마음이 풀리도록
도와야 할 것이니라." 하니, 汝可助我憤
사슴의 울음소리가 매우 슬펐고 鹿鳴聲甚哀
위로 천제의 귀에까지 들렸네. 上徹天之耳
이에 장마 비를 7일 동안 퍼부어 霖雨注七日
그 세차게 쏟아짐이
회수淮水와 사수泗水가 기울어진 듯하였네. 霈若傾淮泗
송양이 심히 근심하고 두려워하며 松讓甚憂懼
흐르는 물을 따라
갈대 밧줄을 아무렇게나 걸쳐 놓으니, 沿流謾橫葦
백성들이 다투어 와서 이를 거머잡고 士民競來攀
땀을 흘리며 서로 놀라 쳐다보았네. 流汗相腭眙
이에 동명왕이 즉시 채찍으로 東明卽以鞭

물을 그으니 사납게 흐르던 물이 멈추었네. 畫水水停沸
이를 보고 송양이 나라를 들어 항복하였고 松讓擧國降
이 이후에는 다시는 우리나라를 헐뜯지 못하였네. 是後莫予訾

○ 서쪽 지방을 순수하다가 흰 사슴을 잡았다. 해원蟹原에 이를 거꾸로 매달아놓고 저주하기를,

"하늘이 만약 비를 내려서 비류왕의 나라를 물에 휩쓸려 잠기게 하지 않으면, 내가 절대로 너를 놓아주지 않을 것이다. 이 곤경에서 벗어나려 하거든 네가 이를 하늘에 호소하도록 하라!"

하니, 그 사슴이 슬피 울어서 그 소리가 천제의 귀에까지 뻗쳤다. 이에 장마 비가 7일 동안 내려 송양松讓의 나라가 물에 휩쓸려 잠겨버렸다. 송양왕이 갈대 밧줄로 강을 가로지르도록 하고 오리와 말을 타자, 백성들이 모두 그 갈대 밧줄에 매달렸는데, 주몽이 채찍으로 물을 그으니, 물이 곧 줄어들었다. 이에 6월이 되자 송양이 나라를 들어 항복하였다.

검은 구름이 골령鶻嶺을 뒤덮어서 玄雲冪鶻嶺
연이어 뻗은 산줄기도 보이지 않았는데, 不見山邐迤
수천 명쯤 되는 사람들이 有人數千許
나무를 베는 것과 같은 소리가 들렸네. 斫木聲髣髴
왕께서, "하늘이 나를 위해 王曰天爲我
그 땅에 성을 쌓는 것이다." 하였네. 築城於其趾
홀연히 구름과 안개가 걷히자 忽然雲霧散
궁궐이 높고 우뚝하게 솟아 있었네. 宮闕高嶁嵬

○ 7월에 검은 구름에 골령鶻嶺에 일어나서 사람들이 그 산을 볼 수 없었고, 오직 수천 명이 토목공사를 하는 소리만 들리니, 왕이,

"하늘이 나를 위해 성을 쌓는 것이다."

하였는데, 구름과 안개가 걷히자, 성곽과 궁실과 누대가 저절로 이루어져 있었다. 이에 왕이 황천에 예를 표하고 그곳으로 가서 기거하였다.

왕위에 있은 지 19년이 되었을 때에 在位十九年
하늘로 올라가곤 내려와 다스리지 않았네. 升天不下莅

○ 가을 9월에 왕이 하늘로 올라가 내려오지 않았는데, 그때의 연세가 40세였다. 태자가 왕이 남겨놓은 옥 채찍을 매장하는 것으로 용산에 장사를 지냈다 한다.

재능이 뛰어나고 기이한 절조를 지녔던 俶儻有奇節
맏아들의 이름이 유리類利였네. 元子曰類利
칼을 얻어 아버님의 왕위를 계승하였고 得劍繼父位
물동이를 틀어막아 여인의 꾸지람을 그치게 했네. 塞盆止人詈

○ 유리는 어려서부터 남다른 절조가 있었다 한다. 어려서 참새 쏘기를 일삼으며 놀다가 한 부인이 물동이를 이고 가는 것을 보고 쏘아서 이를 뚫었다. 그 여인이 화가 나서 꾸짖기를,

"애비 없는 자식이 내 물동이를 깨트렸다."

하니, 유리가 크게 부끄러워하며 진흙으로 탄환을 만들어 쏘아 동이의 구멍을 막아서 깨지기 전과 같게 만들어주고, 집으로 돌아와 어머니에게 묻기를,

"제 아버지가 누구입니까?"

하니 어머니는 유리가 아직 나이가 어렸으므로 농담으로,

"너는 아버지라 부를 수 있는 사람이 없다."

하니,

"사람이 아버지라 부를 수 있는 사람이 없다면 장차 무슨 면목으로 사람들을 대할 수 있겠습니까?"

하고 드디어 스스로 목을 찌르려 하였다. 이에 어머니가 깜짝 놀라 이를 말리면서,

"앞서 말한 것은 희롱삼아 한 말일 뿐이다. 너의 아버지는 천제의 손자이고 하백의 외손인데, 부여의 신하가 되는 것에 불만을 품고 있다가, 남녘땅으로 달아나서 새로이 국가를 세웠는데, 네가 가서 만나보고 싶으냐?"

하니, 대답하기를,

"아버지가 임금이 되었는데 자식은 남의 신하 노릇을 하고 있으니, 제가 비록 재능이 부족하기는 하나 어찌 부끄럽지 않을 수 있겠습니까?"

하였다. 어머니가,

"너의 아버지가 떠날 때에 이런 말을 남기고 가셨다. '내가 일곱 고개 일곱 골 돌 위에 있는 소나무에 물건을 감추어둔 것이 있는데, 이를 찾아가지고 오는 사람이 곧 나의 아들이다.' 하셨다."

하니, 유리가 산골짜기로 가서 이를 찾아보았으나 찾지 못하고 지쳐서 집으로 돌아왔다. 유리가 그때에 마루에 있는 기둥에서 슬픈 소리가 나는 것을 들었는데, 그 기둥이 바로 주춧돌 위에 있는 소나무기

둥이었고, 나무의 몸이 일곱 모로 되어 있었다. 이에 유리가 스스로 판단하기를 '일곱 고개 일곱 골이라 한 것이 바로 일곱 모이다. 돌 위의 소나무라 한 것은 주춧돌 위의 기둥을 뜻한다.' 하면서, 일어나 그리로 가서 살펴보다가, 기둥 위의 파인 구멍 속에서 부러진 칼 한 조각을 얻고, 크게 기뻐하였다. 전한前漢 홍가鴻嘉 4년(B.C. 17) 여름 4월에 고구려로 달려가서 이 칼 한 조각을 왕에게 바치자, 왕이 지니고 있던 부러진 칼 한 조작을 꺼내어 합쳐보니, 피가 나면서 합쳐져 하나의 칼이 되었다. 이에 왕이 유리에게,

"네가 바로 내 아들인데, 무슨 신령하고 성스러운 점을 지닌 것이 있느냐?"

하니, 유리가 말이 끝나자마자 몸을 들어 공중으로 솟구쳐 올라 창 사이로 들어오는 햇빛을 타고서 신령하고 성스러운 기이함을 보여드리니, 왕이 크게 기뻐하며 태자로 삼았다.

나(이규보)는 천성이 본래 꾸밈이 없고 순박하여	我性本質木
성품이 기이하고 이상스러운 일 좋아하지 않아서	性不喜奇詭
처음에는 동명왕의 일에 대해 읽고	初看東明事
허환하다 의심하고 귀신의 일이라 의심했었네.	疑幻又疑鬼
서서히 거듭 고찰해보고서는	徐徐漸相涉
마음이 바뀌어 판단하기 어렵게 되었네.	變化難擬議
더구나 이는 사실을 그대로 쓴 역사의 글이어서	況是直筆文
한 글자도 헛되이 써 놓은 글자가 없는데,	一字無虛字
신이神異하고 또 신이하도다!	神哉又神哉

만세 후까지 바르게 전해야 할 일이로다! 萬世之所韙
처음 나라를 개창한 군주들을 생각해보니 因思初創君
성인이 아니라면 어찌 이런 일 할 수 있었겠는가. 非聖卽何以
유온劉媼은 큰 못가에서 쉬다가 劉媼息大澤
꿈결에 신묘한 일을 만났으니, 遇神於夢寐
우레와 번개로 천지가 어둡게 막혔을 때에 雷電塞晦暝
커다란 교룡이 몸을 휘감고 있었네. 蛟龍盤怪傀
이를 계기로 임신을 하게 되어 因之卽有娠
곧 성스러운 창업자 유계(劉邦)를 낳게 되었으니, 乃生聖劉季
이 사람이 바로 적제자였는데 是惟赤帝子
그가 나라를 새로 세우자 신이 돕는 일 많았네.[9] 其興多殊祚
세조(후한 광무제)가 처음 태어났을 때에는 世祖始生時
온 방안에 밝은 빛이 가득하였고, 滿室光炳煒
스스로 〈적복부赤伏符〉의 예언에 부응하여 自應赤伏符
백성을 오도하는 황건적을 소탕하였네.[10] 掃除黃巾僞

---

9) 유온劉媼은……많았네 : 《사기史記》 〈고조본기高祖本紀〉에, 한漢나라의 창업자 고조高祖 유방劉邦은 그의 어머니가 교룡蛟龍과 감응한 후 잉태하여 낳았다 하였고, 유방이 택중澤中을 지나다가 큰 뱀을 칼로 베었는데, 뒤따르던 사람이 이곳에 이르자 노파가 울면서 "내 아들 백제자白帝子(서방신西方神의 아들)를 적제자赤帝子(남방신南方神의 아들)가 죽였다." 하였으므로, 유방을 적제자로 본 것이다.

10) 세조(후한 광무제)가……소탕하였네 : 후한後漢의 창업자 유수劉秀(세조世祖 광무제光武帝)가 장안長安에 있을 때에 도참서인 《적복부赤伏符》에 '유수가 무도한 자를 토벌하고 황제가 되리라.' 하였는데, 그 예언대로

옛날 이래로 제왕이 나라를 일으킬 때에는 自古帝王興
상서로운 징조가 많이 일어났고, 徵瑞紛蔚蔚
나라가 망할 때의 후손 중에는
게으르고 난폭한 이가 많아서 末嗣多怠荒
모두 선왕의 대통을 끊어지게 하였네. 共絶先王祀
이를 통해 알게 되는 것은, 수성守成하는 군주는 乃知守成君
전력을 다해 경계하며 작은 일도 삼가는 것이네. 集蓼戒小毖
관후함과 인자함으로 왕위를 지키고 守位以寬仁
예와 의를 바탕으로 백성을 교화해야 하네. 化民由禮義
그렇게 한다면 길이길이 자손에게 전해져서 永永傳子孫
많은 해가 지나도록 나라를 다스릴 수 있다네. 御國多年紀

(《전집》 권3)

이 〈동명왕편〉은 백운이 26세 때에 《구삼국사》의 〈동명왕본기〉를 읽고 지은 것으로, 창작하게 된 동기를 시의 서문에 밝혀 놓았다. 즉 처음에는 이를 읽고서, '공자께서는 괴력난신에 대하여는 말씀하지 않으셨다.' 한 성인의 가르침에 부합하지 않는 것으로 생각하고, 이에 수록된 신이한 일들을 허환하고 괴탄한 일로 보아서, 믿지도 않고 후세에 전할 가치도 없는 것으로 생각했다가, 거듭 읽어 보고서는 직필지서直筆之書인 사서史書의 기록을

황건적을 토멸하고 후한을 창건했음을 말한 것이다.

그렇게만 보아서는 안 된다고 여기게 되었고, 성인이 처음 창국創國한 기록에는 모두 이러한 신이한 자취가 있음을 인정하게 되었으며, 이러한 신성한 기록은 반드시 후세에 전해지도록 해야 한다는 사명감을 갖게 된 것이다.

백운이 26세에 처음 보았다는 《구삼국사》는 어떤 책인가. 그 찬자와 간행년대는 불명이나, 김부식金富軾이 《삼국사기》를 편찬하기 이전에 있어왔던 우리나라 삼국의 역사를 기록한 책이기 때문에 《삼국사기》가 간행된 이후에는 이와 구별하기 위하여 '구舊'자를 붙인 것으로 보이며, 김부식은 이를 저본으로 하여 《삼국사기》를 편찬하였으나, 유교적 관점을 바탕으로 하여 《삼국사기》를 편찬하면서 고구려의 건국신화 가운데 신이한 점들을 깎아내고, 이를 간략하게 축소해 놓은 것이다. 그뿐이 아니고 편찬의 저본으로 삼았던 《구삼국사》를 폐기하여 후세에 전해지지 않게 하였는데, 요행히 폐기를 면한 《구삼국사》를 백운이 읽어볼 기회를 얻어서, 그 가운데 수록된 〈동명왕본기〉를 보게 되자, 그 신령하고 생동적인 창국創國의 역사에 감동하여 바로 이 〈동명왕편〉을 짓게 된 것이다.

〈동명왕편〉은 서문과 본시와 본시의 사이사이에 삽입한 주註로 이루어져 있다. 서문이 888자, 본시가 1,410자, 주가 2,249자 등 총 4,547자로 이루어진 장편으로, 동명왕의 고구려 창국신화를 수록한 여러 책들 가운데 신화의 원형을 가장 적확하게 전해주고 있는 것이 바로 이 시이다. 서문은 전술한 바와 같이 백운이 〈동명왕편〉을 짓게 된 동기를 밝힌 것이고, 본시는 141운 282구의 장편 오언고시로 되어 있는데, 시에 수록된 내용을 부연 설명하거나 시로 압운하여 표현하기 곤란한 것은 해당 부분에 주를 달아 밝혀놓았으므로, 서와 본시와 주를 수록된 순서대로 모두 읽어야 동명왕의 고구려 창국신화 전모를 제대로 파악할 수 있다.

본시의 구성을 살펴보자. 모두冒頭에 우주宇宙가 혼돈에서 벗어나 천지로 분화된 후에 중국의 제왕이 되었던 역대 성군들이 모두 신이한 탄생과 창국의 자취를 남겼음을 밝히고, 다음에 천제자天帝子 해모수가 지상으로 내려와 하백의 딸 유화를 아내로 삼아 주몽을 잉태하기까지의 과정을 기술하였다.

다음에 주몽朱蒙이 탄생하여 성장하는 과정과 부여에서 탈출하여 고구려를 건국하고 송양왕이 다스리는 비류국을 병합하기까지의 과정을 서술하고, 유리가 태자로 인정받아 동명왕 승천후에 왕위를 계승했음을 밝혀서, 해모수→주몽 동명왕→유리왕으로 이어지는 3대에 걸친 창국과 수성의 신성한 역사를 기술하였다.

이후 이는 직필지서인 사서에 기록된 진실이므로 만세가 지나도록 전해져야 할 일이고, 전한과 후한을 창업한 군주에게도 이러한 신이한 사적이 있음을 통하여 동명왕의 창국신화創國神話가 허환虛幻한 것이 아닌 진실임을 밝히면서, 이렇게 신성하게 창국된 나라를 자손들이 길이 보존하려면 관인寬仁으로 왕위를 지키고 예의禮義로 백성을 교화해야 함을 강조하는 것으로 종결하였다.

백운이 이 시를 지을 때에는 과거에 급제하였으면서도 벼슬을 얻지 못하였을 때이고, 무도한 무신들이 집권하던 혼란기로, 각지에서 민란民亂이 빈발하던 때였다. 고구려의 후계국으로 자처하던 고려 왕조가 위기에 처했던 이러한 시기에《구삼국사》〈동명왕본기〉를 읽게 되자 고구려의 신이한 창국創國의 역사에 감동하면서, 이런 사실을 후대에 신화의 원형 그대로 왜곡됨이 없이 전하고자 한 것이다. 한편 우리 민족이 이렇게 위대한 선민選民임을 새삼 깨닫고, 동명왕이 세운 고구려를 계승한 고려가 혼란을 극복하고 길이 존속되어야 함을 강조한 것이다.

고구려의 창국자 동명왕이 천제의 손자이고 하백의 외손임은 고구려시대의 기록인 광개토대왕비나 모두루묘지를 비롯하여 수많은 전적에 등재되어 있으나, 이 〈동명왕편〉이 신화의 원형을 가장 완벽하게 전하고 있다.

〈동명왕편〉의 내용 속에는 상기 해모수와 주몽 및 유리의 뛰어난 능력과, 창국의 과정에 드러나는 신이한 일들과, 기발한 속임수 및 권모술수 등이 생동적으로 표현되어 독자를 감동하게 하고 흥미를 더하게 해주고 있다.

백운이 이 고구려 건국신화를 시화詩化한 〈동명왕편〉은 우리나라 서사문학의 효시라 할 수 있고, 후대에 그 영향을 받아 고려 이승휴李承休의《제왕운기帝王韻紀》및 조선 유득공柳得恭의 〈이십일도회고시二十一都懷古詩〉 등의 서사시가 나왔음을 볼 때에, 백운이 우리나라 서사문학의 발전에 끼친 공로가 지대함을 알 수 있게 된다.

제4장

백운 문학의 역사적 위치

제4장 백운 문학의 역사적 위치

백운이 활약했던 12세기 후반과 13세기 전반은 무신武臣의 난亂(1170) 이후 30년 가까이 문화의 암흑기를 거치면서 그때까지 문단을 주도했던 벌족문신들이 몰락하였고, 최충헌崔忠獻이 집권하면서 신흥 문신들을 대거 등용하자, 문신들의 세대교체가 이루어졌다. 이때에 한미한 황려黃驪의 향리 출신 가문이었다가 이러한 시류를 타고 중앙으로 진출하여 고려 후기의 대표적 시인으로 부상한 인물이 바로 백운 이규보였다.

이때에 새로이 중앙으로 진출한 신진 사류층은 무신의 난 이전의 문인들과는 문학경향이 달라서, 무신이 집권하면서 변화한 사회적 기풍에 맞추어 호매豪邁하고 진취적인 기상을 띠게 되었다. 한편 한미한 가문에서 입신하여, 유·불·도 가운데 어느 한 쪽에 치우치지 않고 이를 융합하여 문학에 자유로이 구사하고, 호방한 시문을 지었던 송나라 소식蘇軾의 시풍이 고려에 널리 유행하게 되었다. 그러므로 당시 과거급제자의 방이 붙으면, '30명의 소동파蘇東坡가 새로이 배출되었다.'라고 말할 정도였다.

백운도 이런 시풍을 따랐을 뿐 아니라 이를 선도하는 중심인물이 되었고, 시뿐만이 아니고 각종 문文에도 발군의 실력을 발휘하며 문학의 제체諸體를 선도하는 역할을 하였다. 그래서 송宋

에서 새로이 유행하던 사詞도 지어서 현전하는 최고最古의 사詞작품 12편을 남겨놓았으며, 당시에 새로이 유행하던 가전假傳도 두 편을 지어서 이 분야 문학의 선단先端을 열었다.

백운 이전의 시인들은 개인적인 불운이나 인고를 시로 읊기는 하였으나, 사회의 비리나 부정을 비판하고 풍자하며 백성들의 곤고에 연민의 정을 표시한 사회시社會詩는 백운에게서 비롯되었다. 즉 우리나라의 사회시는 백운을 통해 개단開端되어, 그 후 우리 문학사에 연면히 이어오는 하나의 맥락을 이루게 된 것이다.

한편 그가 26세에 지은 시 〈동명왕편東明王篇〉은 우리나라 최초의 건국서사시建國敍事詩로, 후대에 나온 〈제왕운기帝王韻紀〉나 〈이십일도회고시二十一都懷古詩〉 등 서사문학 작품이 나올 수 있는 선단을 열었고, 우리 민족의 수월성을 강조하며 민족의식을 고취시키는 데에 크게 기여하였다.

백운은 문학의 제체에 두루 뛰어난 작품을 남겨서, 후진들이 전범典範으로 삼을 수 있게 하였으며, 전술한 바와 같이 사詞나 가전假傳 등 새로운 문학의 단초를 열었으므로, 백운을 그때까지 전해오던 제체의 문학의 집대성자요 새 문학의 개단자開端者라 할 수 있다.

어느 한 종교나 사상에 얽매이지 않는 자유분방하고 호방한 그의 시풍이 많은 문인들의 찬상을 받고 그들에게 영향을 끼치기도 하였으나, 근세조선조에 이르러 성리학의 이념이 사회를 지배하고 이와 다른 경향을 띤 학문이나 문학을 이단시하게 되자,

시문학계에서도 유학 이념에 충실한 근엄 전실典實한 시만을 높이게 되었다. 이렇게 되자 백운의 시를 '식견은 천루하고 기상을 용열하며 격조가 떨어지고, 어의는 번다하고 천박하다.'[1]라고 폄하하는 견해가 대두되기도 하였다.

그러나 그 후 실학시대實學時代를 거치며 성리학의 영향이 감퇴하게 되자, 다시 백운문학의 진가를 인정하고, 동방의 시호詩豪로 추승을 받게 되었다.

---

1) **김창협**金昌協, 《**농암집**農巖集》 34, 〈**잡시외편**雜詩外篇〉 "其學識鄙陋 氣象庸下 格卑而粗雜 語瑣而意淺"

〔부록〕

1. 참고문헌

〈자 료〉

김부식金富軾, 《삼국사기三國史記》

김종서金宗瑞 외, 《고려사절요高麗史節要》

김창협金昌協, 《농암집農巖集》

이규보李奎報, 《동국이상국집東國李相國集》

이승휴李承休, 《제왕운기帝王韻紀》

이인로李仁老, 《파한집破閑集》

이제현李齊賢, 《익재난고益齋亂藁》

———, 《역옹패설櫟翁稗說》

정인지鄭麟趾 외, 《고려사高麗史》

《시경詩經》

《장자莊子》

《열자列子》

《능엄경楞嚴經》

〈논 문〉

김경수金慶洙, 〈이규보연구李奎報研究〉, 단국대대학원, 1980.

———, 〈이규보의 시詩에 대한 소고小考〉, 《국어교육》 38, 1981.

김동욱金東旭, 〈변혁기變革期의 문학인文學人-이규보〉, 《비교문학》 3·4, 1979.

김시업金時鄴, 〈이규보의 현실인식現實認識과 농민시農民詩〉, 《대동문화연구》12, 1978.

——, 〈이규보의 신의론新意論과 시詩의 특질〉, 《한문학연구》3·4, 1978.

——, 〈무신집권기武臣執權期의 문학적文學的 전환〉, 《한국문학연구입문》 지식산업사, 1982.

김진영金鎭英, 〈이규보연구〉, 《국문학연구》15, 1972.

——, 〈무인집권기武人執權期의 문단文壇; 지성면知性面에서 본 이규보〉, 《국어교육》31, 1977.

김학주金學主, 〈중국에 견주어 본 이규보의 기론氣論〉, 《진단학보》 48, 1979.

김흥규金興圭, 〈이규보의 의기론意氣論〉, 제3회 동양학국제학술회의, 1985.

박창희朴菖熙, 〈이규보의 동명왕편시東明王篇詩〉, 《역사교육》11·12, 1969.

심호택沈浩澤, 〈한문학漢文學에서의 기氣의 개념〉, 《한국학논집》8, 1981.

이능우李能雨, 〈이규보의 시론詩論〉, 《심상心象》2권1호, 1974.

이우성李佑成, 〈고려중기高麗中期의 민족서사시民族敍事詩〉, 《성균관대논문집》7집, 1962.

장덕순張德順, 〈영웅서사시英雄敍事詩 동명왕편東明王篇〉, 《연세대 인문과학》5, 1960.

최신호崔信浩, 〈고려시화高麗詩話에 나타난 수사修辭에 대하여〉, 《인문사회과학》2, 1970.

최운식崔雲植, 〈이규보의 시론詩論〉, 《한문학연구》2, 1977.

신용호申用浩, 〈이규보의 동명왕편東明王篇 연구〉, 《어문논집》21, 1980.

——, 〈13세기 고려문인高麗文人의 문학관소고文學觀小考〉, 《공주사대논문집》20, 1982.

——, 〈이규보의 현실인식現實認識과 문학〉, 《공주사대논문집》22, 1984.

——, 〈이규보의 자아의식自我意識과 문학〉, 《한문학논집》2, 1984.

〈저 서(국내)〉

김진영金鎭英, 《이규보문학연구》, 서울: 집문당, 1984.

김태준金台俊, 《조선한문학사朝鮮漢文學史》, 경성(서울): 조선어문학회, 1931.

유재영柳在泳, 《백운소설연구白雲小說硏究》, 서울: 원광대출판국, 1979.

박성규朴性奎, 《이규보연구》, 대구: 계명대출판부, 1982.

—— 역주譯註, 《역주 파한집》, 서울: 보고사, 2012.

——— 역주譯註, 《역주 백운소설》, 서울: 보고사, 2012.

——— 역주譯註, 《역주 보한집》, 서울: 보고사, 2012.

서수생徐首生, 《고려조한문학연구高麗朝漢文學硏究》, 서울: 형설출판사, 1971.

신용호, 《이규보의 의식세계意識世界와 문학론연구文學論硏究》, 서울: 국학자료원, 1990.

〈저 서(국외)〉

곽소우郭紹虞, 《중국문학비평사中國文學批評史》, 대만: 태성서국泰成書局, 1977.

구섭우邱燮友, 《백거이白居易》, 대만: 국가출판사國家出版社, 1982.

나련첨羅聯添, 〈수당대문학비평자료휘편隨唐代文學批評資料彙編〉, 대만: 성문출판사成文出版社, 1978.

서복관徐復觀, 〈중국문학평론집中國文學評論集〉, 대만: 학생서국學生書局, 1982.

장건張健, 〈남송대문학비평자료휘편南宋代文學批評資料彙編〉, 대만: 성문출판사成文出版社, 1978.

황계방黃啓方, 〈북송대문학비평자료휘편北宋代文學批評資料彙編〉, 대만: 성문출판사, 1981.

〔부록〕

2. 도판목록

1. 〈이규보李奎報 영정影幀〉, 여주이씨 고양군후예 대종중 / 15
2. 〈최충崔沖〉, 해동공자최충선생기념사업회 / 19
3. 〈혜강嵇康〉, 고원顧沅 편, 《고성현상전략古聖賢像傳略》 / 22
4. 〈완적阮籍〉, 고원顧沅 편, 《고성현상전략古聖賢像傳略》 / 22
5. 〈도연명陶淵明〉, 고원顧沅 편, 《고성현상전략古聖賢像傳略》 / 24
6. 〈규성奎星〉, 왕기王圻 찬, 《삼재도회古聖賢像傳略》 / 27
7. 〈가의賈誼〉, 고원顧沅 편, 《고성현상전략古聖賢像傳略》 / 74
8. 〈굴원屈原〉, 고원顧沅 편, 《고성현상전략古聖賢像傳略》 / 74
9. 〈장자莊子〉, 고원顧沅 편, 《고성현상전략古聖賢像傳略》 / 87
10. 〈동국이상국집東國李相國集〉, 규장각 소장 / 121
11. 〈무용총舞踊塚 수렵도狩獵圖〉, 東北 吉林省 集安縣 通溝 / 181

◆ 東洋古典譯註叢書 ◆

〈經部〉

십삼경주소

논어주소1~3 정태현·이성민

상서정의1~7 김동주

주역정의1~4 성백효·신상후

예기정의 중용·대학 이광호·전병수

모시정의1~2 박소동

효경주소 정태현·강민정

춘추좌씨전1~8 정태현

예기집설대전1 신승운

동래박의1~4 정태현·김병애

〈史部〉

사정전훈의 자치통감강목1~14, 17~19 신승운 외

통감절요1~9 성백효

당육선공주의1~2 심경호·김우정

정관정요집론1~4 이충구 외

열녀전보주1~2 최병준·공근식

역대군감1~2 홍기은·전백찬

〈子部〉

근사록집해1~3 성백효

공자가어1~2 허경진 외

노자도덕경주 김시천

대학연의1~5 신승운 외

묵자간고1~2 이상하 외

설원1~2 허호구

세설신어보1 김진옥 외

순자집해1~7 송기채

심경부주 성백효

안씨가훈1~2 정재서·노경희

양자법언1 박승주

이정전서1~2 최석기·강도현

장자1~4 안병주·전호근

정경·목민심감 홍기은·전백찬

한비자집해1~4 허호구 외

무경칠서직해

손무자직해·오자직해 성백효·이난수

육도직해·삼략직해 성백효·이종덕

울료자직해·이위공문대직해 성백효·이난수

사마법직해 성백효·이난수

〈集部〉

고문진보 전집 성백효

당시삼백수1~3 송재소 외

당송팔대가문초

한유1~3 정태현

구양수1~6 이상하

왕안석1~2 신용호·허호구

소식1~5 성백효

소철1~3 김동주

소순 이장우 외

증공 송기채

유종원1~2 송기채